*Andreas Brosch*

# Kreative Ansprachen für Trauung & Hochzeit

BRUNNEN
VERLAG GIESSEN · BASEL

Lektorat: Petra Lütjen
Umschlagfoto: Photodisc Hamburg
Umschlaggestaltung: Ralf Simon
Fotos innen: Andreas Brosch
Satz: DTP Brunnen
Druck und Bindung: St.-Johannis-Druckerei, Lahr
ISBN 3-7655-1317-2

# Inhalt

## *Ausgearbeitete Ansprachen:*

## *Angedachte Ansprachen:*

# Vorwort

## *oder: Was Ihnen dieses Buch bietet*

Hand aufs Herz: Könnten Sie den Inhalt der Predigt wiedergeben, die bei Ihrer Trauung gehalten wurde? Oder die Ansprache des Brautvaters von irgend einer anderen Hochzeit, die vielleicht noch nicht so lange zurückliegt? Die Ansprachen waren sicher gut – aber hängen bleibt oft wenig, und das ist schade.

Ganz anders sieht es aus, wenn der Redner einen Gegenstand mitgebracht hat, etwas Persönliches vielleicht, das mit dem Brautpaar zu tun hat. Und wenn er seine Gedanken anschaulich anhand dieses Gegenstands erläutert. Ich staune manchmal, wenn sich Paare oder auch Besucher eines Gottesdienstes nach Jahren noch erinnern und mir den Inhalt meiner Ansprache erzählen. Am Anfang stand eine gute Idee ...

Aber woher bekommt man als Pfarrer oder Hochzeitsredner eine pfiffige Idee für die Ansprache mit einem Gegenstand? – Oft macht es einem das Brautpaar leicht: Sie pflegen ein Hobby – vielleicht sogar ein gemeinsames – wie Basketball oder Radfahren, einer von beiden hat einen Beruf, mit dem ein bestimmter Gegenstand verbunden ist, Architekt oder Hebamme. Oder in der Geschichte der beiden spielt irgendetwas eine besondere Rolle. Der Fantasie sind bei der Suche nach geeigneten Gegenständen keine Grenzen gesetzt ...

Dieses Buch ist eine solche Ideen-Sammlung: 28 ausgearbeitete Ansprachen sind hier zusammengestellt, sie eignen sich sowohl für die Kirche als auch für die Feier danach mit der Familie und Freunden. Es sind z.T. recht persönliche Reden, aber die persönliche Geschichte der Paare lässt sich in der Regel leicht austauschen. Die meisten der Ansprachen sind auch dann verwendbar, wenn der Gegenstand keinen besonderen Bezug zu dem Paar hat.

Darüber hinaus finden sich hier 12 Ansprachen, die kurz angerissen sind. Sie lassen sich leicht ausarbeiten anhand der skizzierten Gedanken, oft gut kombinierbar mit Auslegungen in den ausgearbeiteten Ansprachen.

Ein Verzeichnis der besprochenen Gegenstände und ein Bibelstellenverzeichnis erleichtern das Suchen. Auch solche Bibelstellen sind hier aufgeführt, die nicht Grundlage der Ansprachen waren, die aber genauso gut zu dem Gegenstand passen; häufig wählt das Brautpaar ja den Trautext.

Schließlich will das Buch auch anregen, selbst nach geeigneten Gegenständen und den damit verbundenen sprachlichen Bildern zu suchen. Das kann man lernen. Im Gespräch mit dem Brautpaar muss man nur die richtigen Fragen stellen, die nach ihrer persönlichen Kennenlern-Geschichte etwa. Oder nach Hobbys und Berufen und v.a. danach, inwieweit die Partner sich für das Hobby und den Beruf des jeweils anderen interessieren bzw. einander Anteil daran geben.

Auch Fragen wie: Was schätzen Sie an Ihrem Partner am meisten? Was stört Sie? erweisen sich in der Regel als sehr fruchtbar – manchmal zur Überraschung der Betroffenen.

Ein Großteil der Gegenstände eignet sich auch als Geschenk für das Brautpaar, teils zum praktischen Gebrauch, teils zum In-die-Vitrine-Stellen als Erinnerung an diesen wunderbaren Tag. Einige Geschenke kann auch der Pfarrer / die Pfarrerin ohne großen finanziellen Aufwand dem Brautpaar überreichen, andere sind eher für Freunde und Verwandte geeignet. Einige sind richtig mit Arbeit verbunden, doch gerade sie werden vielleicht noch zur Goldenen Hochzeit gerne hervorgeholt.

Stichwort Ehe-Jubiläum: Einige Ansprachen eignen sich auch für Silberne oder Goldene Hochzeiten, reden sie doch von der Liebe, die bleibt.

Mir persönlich ist es bei meinen Hochzeits-Ansprachen ein wichtiges Anliegen, die großen Verheißungen Gottes für die Ehe zu betonen. Nicht die drohenden Schwierigkeiten sollen im Vordergrund stehen, sondern das Geschenk der Liebe zwischen Mann und Frau. Der Liebe, die über Schmetterlinge im Bauch weit hinausgeht und die immer wieder darauf angewiesen ist, dass Gott in seiner großen Liebe treu zu uns steht – und unsere Treue erst möglich macht.

*Andreas Brosch*

# 1. Herz

## *Was von Herzen kommt*

**Text:** So ist's ja besser zu zweien als allein; denn sie haben guten Lohn für ihre Mühe. Fällt einer von ihnen, so hilft ihm sein Gesell auf. Weh dem, der allein ist, wenn er fällt! Dann ist keiner da, der ihm aufhilft. Auch wenn zwei beieinander liegen, wärmen sie sich, wie kann ein Einzelner warm werden? Einer mag überwältigt werden, aber zwei konnen widerstehen, und eine dreifache Schnur reißt nicht leicht entzwei. (Prd 4,9-12)

**Gegenstand/Geschenk:** Die Schwester der Braut kam extra bei mir vorbei, um mir das große dunkelrote herzförmige Plüschkissen zu zeigen, auf dem ich den beiden die Ringe reichen sollte: Ob das recht sei? Da mein Geschmack in solchen Fällen unmaßgeblich ist, sagte ich gerne zu – und war dankbar für das Anschauungsmaterial und das Thema der Predigt. Ein Blick ins Wörterbuch (etwa: Wahrig Deutsches Wörterbuch, oder: Lutz Röhrig, Lexikon der sprichwörtlichen Redensarten, Herder 1994, eine wahre Fundgrube für alle, die gerne mit Begriffen spielen) half mir, das Thema „Herz" auszugestalten. Den Trautext suchte das Paar aus.

Für die Ansprache kann man sich auch etwas anderes Herzförmiges erbitten, etwa Teile der Tischdekoration oder irgendeine

Darstellung eines Herzens. Für ein entsprechenden Geschenk bietet sich alles an, was herzförmig ist: eine rote Pappschachtel mit lauter kleinen Zetteln mit guten Wünschen, für jeden Tag einen zum Ziehen; eine Pralinenschachtel in Herzform; ein zusammen mit den Hochzeitsgästen gestaltetes Bild ...

**Ansprache**:

*Liebe Bianca, lieber Uwe, liebe Gäste!*

Es ist schon erstaunlich, welch großer Beliebtheit sich euer Trautext erfreut! Fast die Hälfte aller Paare, die hier heiraten, sucht sich diesen Bibeltext aus. Dabei sind diese Worte schon mehrere tausend Jahre alt. Aufgeschrieben hat sie einer, dessen Namen wir nicht kennen und der sich schlicht „der Prediger" nennt. Und dann stehen auch noch die entscheidenden Stichworte, die man bei einem solchen Anlass erwartet, überhaupt nicht da: Das Wort „Liebe" sucht man vergeblich, auch Gottes „Segen" wird nirgends erwähnt, ja: nicht einmal „Gott" selbst kommt vor!

Und weil die wichtigsten Dinge für diesen Tag heute nicht dastehen – jedenfalls nicht auf den Zeilen –, deswegen fange ich mit etwas an, was auch nicht dasteht. Anlass dazu hat mir dieses Herz gegeben, auf dem nachher eure beiden Ringe liegen werden, bevor ihr sie euch ansteckt. Also: Vom Herzen will ich reden. Und so ganz nebenbei wird dabei auch euer Trautext zur Sprache kommen.

Am Anfang stand das Herzklopfen. Dann gibt einer seinem Herzen einen Stoß und spricht den anderen an. Gut, ihr beiden kanntet euch ja schon von der Schule her; aber dann lernt man sich ja noch einmal ganz anders kennen, nimmt den anderen anders wahr, mit seinen Reizen und Besonderheiten. Man ist verliebt und kann sich nichts Schöneres vorstellen, als mit ihm, mit ihr zusammen zu sein. Es hüpft einem das Herz vor Freude, wenn der andere kommt, der andere wächst einem ans Herz, man ist ein Herz und eine Seele. Gerade in der Anfangsphase bleibt auch das Herzeleid nicht aus, man nimmt sich manches zu Herzen, was vielleicht gar nicht so gemeint war. Doch die Einsicht des „Predigers" überwiegt: „So ist's ja besser zu zweien als allein."

Besonders schön am Zusammensein ist das, was man altmodisch „herzen“ nennt, dass man einander herzt. Heute gibt es dafür Kuschelrock Nr. 27 und computergesteuert heizbare Wasserbetten. Zur Zeit des „Predigers“ war man da noch nicht so weit, da gab es nicht mal anständige Fenster, geschweige denn eine Zentralheizung oder Heizdecken. Deswegen ist das zunächst einmal ganz vordergründig gemeint, wenn er schreibt: „Wenn zwei beieinander liegen, wärmen sie sich; wie kann ein Einzelner warm werden?“ Damit habt ihr ja auch Erfahrung. Doch wenn man sich nicht nur gegenseitig als Wärmflasche gebraucht, sondern wenn man sich wirklich „herzt“, wenn die Zärtlichkeit wirklich den anderen meint, dann wird beiden auch innerlich warm. Dann kann auch die Kälte überwunden werden, gegen die keine moderne Technik hilft: die Kälte nach einem Streit z.B. Da hilft dann eine gute Packung Humor: „Motzkopp“ – „Bocky“, und dann müssen beide „herzlich“ lachen, und dann „herzen“ sie sich.

Was gibt es noch mit „Herz“? – Herzlosigkeiten kommen bei euch ja nicht vor, herzzerreißende Schreie eines Babys haben noch Zeit, und von Herzinfarkten wollen wir schon gar nicht reden. Schon eher davon, dass ihr auf des anderen Herzschlag hören wollt – im übertragenen Sinn. Ein Wort gibt es aber noch, in dem „Herz“ vorkommt und das auch mit eurem Trautext zu tun hat: barmherzig.

Barmherzig sein mit dem anderen, wenn es dem mal nicht so gut geht. Verzeihen können, wenn man aneinander schuldig geworden ist – all das erfordert Barmherzigkeit. Den anderen nicht messen an dem, was er kann oder tut, sondern ihn lieben um seiner selbst willen; den anderen nicht festnageln auf seine Fehler, sondern daran glauben, dass er sich ändern kann – das ist eigentlich Barmherzigkeit. „Fällt einer von ihnen, so hilft ihm sein Gesell auf.“ So sagt es der Prediger. Und „fallen“ kann man in mancherlei Hinsicht. Barmherzigkeit ist die Antwort, die Hilfe, die dann Not tut. Dass der eine einfach sein Herz ausschütten kann beim anderen, das tut gut.

Wenn wir so wollen, ist Barmherzigkeit die Urform, der Prototyp der Liebe. Der Liebe, wie Gott sie gemeint hat. Denn Gott ist der Erfinder der Liebe. Und Gott ist der „Vater der Barmherzigkeit“, sagt die Bibel (2. Kor 1,3). Liebe – das Herz, dieses rote Herz hier ist ja in allererster Linie Symbol für die Liebe. Für die Liebe, die mehr ist als „Herzklopfen“ und „herzen“. „Vertrauen“, habt ihr gesagt, „Vertrauen gehört ganz wesentlich zur Liebe dazu. Wärme und Geborgenheit, Verständnis." All das kommt „von Herzen". Denn es kommt von Gott.

Ich habe einmal nachgeschaut, woher unser Wort „Herz" eigentlich kommt, was seine sprachlichen Wurzeln sind. Ich bin dabei auf die Bedeutung „Mitte" gestoßen. Das Herz im übertragenen Sinn ist die Mitte unserer Person. „Ich nehme dich in meine Mitte hinein" – das versprecht ihr einander nachher, wenn ihr sagen werdet: Ich will dich lieben und ehren. Nehmt auch den in eure Mitte, der die Liebe erfunden hat, der euch eure Liebe geschenkt hat und der eure Liebe erhalten will – komme was da wolle. Sozusagen als dritte Schnur. Denn wie sagt der Prediger zum Schluss? „Einer mag überwältigt werden, aber zwei können widerstehen, und eine dreifache Schnur reißt nicht leicht entzwei."

## 2. Tandem

### *Die Last des anderen tragen*

**Text**: Einer trage des anderen Last; so werdet ihr das Gesetz Christi erfüllen. (Gal 6,2)

**Gegenstand/Geschenk**: Meine Frau und ich fahren leidenschaftlich gern Fahrrad – nur über die Reisegeschwindigkeit gehen unsere Meinungen auseinander. Abhilfe hat ein Tandem geschafft, das ich noch in Studientagen aus zwei alten Rädern zusammengeschraubt habe. Das Fahren auf diesem Rad ist eine gute Eheschule, finden wir. Deswegen habe ich zur Trauung das Tandem in die Kirche geschoben. Denn die Brautleute waren auch begeisterte Radfahrer. Ein brauchbares Tandem ist nicht billig, und das Paar muss dieses Geschenk schon ausdrücklich wollen. Ein Fahrradgeschäft am Ort ist aber sicher bereit, für die Feier ein solches Fahrzeug zur Verfügung zu stellen. Wie wär's mit einem Gutschein für ein Radel-Wochenende als Geschenk? Oder wenigstens eine Vergrößerung eines Fotos: das Brautpaar auf dem Tandem.

**Ansprache:**

*Liebe Anja, lieber Bernhard, liebe Gäste!*

Ich habe hier einen Gegenstand mit in die Kirche gebracht, nicht zu übersehen. Verständlicherweise bekommt ihr dieses Tandem allerdings nicht geschenkt. Wenn ihr wollt, können wir bei Gelegenheit ein Erinnerungsfoto mit euch beiden (ohne Hochzeitskleider) auf diesem Gefährt machen, das könnt ihr euch dann ins Wohnzimmer hängen.

Ihr habt mir erzählt, dass ihr leidenschaftliche Radfahrer seid, aber auf so einem Tandem habt ihr noch nicht gesessen. Meine Familie und ich, wir üben damit schon eine ganze Weile, und wir haben gemerkt, dass dies eine gute Eheschule ist. Darauf zu fahren ist wirklich nicht ganz einfach, und man muss ein eingespieltes Team sein, damit das reibungslos klappt.

Bei diesem Tandem ist eines nicht so ganz glücklich: Der vordere Sitz ist – durch die Konstruktion bedingt – recht hoch, sodass nur ich da sitzen kann und nicht meine Frau. So soll es in einer Ehe nicht sein, dass immer nur einer bestimmt, wo es langgeht. Das muss sich einspielen, wie man gemeinsam solche Entscheidungen trifft. Und dann muss man sie auch durchziehen und gemeinsam dazu stehen. Denn das ist schlimm: wenn der Hintermann woanders hinlenken will als der Vordermann.

Der Hintermann darf eigentlich überhaupt nicht lenken wollen, jedenfalls nicht während der Fahrt. Dazu sollte man absteigen. Der Hintermann muss vielmehr dem Vordermann voll und ganz vertrauen. Dieses Vertrauen ist ganz wichtig und zwar wechselseitig. Das Vertrauen zueinander, das ist ja mehr als nur ein Gefühl. Das geht über die Verliebtheit weit hinaus, das ist ein kostbarer Schatz in einer Beziehung, in einer Ehe, den man hüten und pflegen muss. Ich hatte den Eindruck bei unserem Gespräch, dass ihr das schon lange begriffen habt.

Das Tandemfahren ist aber nicht nur schwierig, Tandemfahren ist auch schön. So wie eine Ehe nicht nur schwierig ist, sondern vor allem schön. Das Tandemfahren hat gegenüber dem Fahren auf zwei einzelnen Rädern nämlich auch ganz entscheidende Vorteile:

Der erste Vorteil: Ein Tandem ist leichter als zwei einzelne Fahrräder, und so fährt es sich leichter.

Noch etwas kommt hinzu: Der Luftwiderstand verringert sich, der eine fährt sozusagen im Windschatten des anderen, und wieder geht es leichter voran.

Der entscheidende Vorteil, auf den ich hinaus will, ist aber noch ein anderer: Es ist ja oft so, dass einer von beiden mehr Kraft hat als der andere. Wenn man dann gemeinsam unterwegs ist auf zwei Fahrrädern, dann kommt es leicht vor, dass einer dem andern davonfährt oder aber ärgerlich an der nächsten Ecke wartet. Der oder die andere ist dann nicht weniger ärgerlich, wenn er oder sie schließlich angeschnauft kommt. Manchmal ist das auch nur eine Frage der Tagesform, sodass das durchaus auch einmal umgekehrt sein kann und der andere auf mich wartet.

Ihr habt da beim Radfahren für euch auch eine gute Lösung gefunden: Der Langsamere fährt grundsätzlich voraus. Aber ich meine, bei einem Tandem ist das noch besser gelöst. Bei einem Tandem kommt so etwas nämlich erst gar nicht vor, dass einer schneller ist als der andere. Da bleibt man immer schön zusammen. Wenn einer nicht so gut drauf ist, muss er deswegen nicht zurückbleiben, der andere tritt dann für ihn mit. Einer kann sogar mal eine Zeit lang beide Beine hochlegen und den anderen alleine strampeln lassen. Das alles macht so ein Tandem möglich.

Der Bibelvers, mit dem das Ganze zu tun hat, steht Gal 6,2: „Einer trage des anderen Last; so werdet ihr das Gesetz Christi erfüllen." Das ist es: „Einer trage des anderen Last." Natürlich ist das zunächst einmal eine süße Last, die man da zu tragen hat. Ihr seid verliebt, und jeder möchte den anderen auf Händen tragen. Und doch habt auch ihr schon gemerkt in eurem Zusammenleben, dass es nicht immer einfach ist, den andere zu tragen und zu ertragen mit seiner ganzen Last, mit all seinen Eigenheiten, Ecken und Kanten und auch mit allem, was ihn selbst belastet. Wenn die Anja von der Arbeit bei ihrem alten Chef heimkam, da musste sie erst einmal abladen, und du hast geduldig zugehört. Dazu können noch viele andere Lasten kommen, auch Krankheit, psychische oder charakterliche Veränderungen. Da muss dann der andere diese Lasten mittragen, auch durch schlechte Zeiten den einen mit durchtragen. Da muss er stärker in die Pedale treten, damit der Partner/die Partnerin nicht auf der Strecke bleibt.

„Einer trage des anderen Last, so werdet ihr das Gesetz Christi erfüllen." Das Gesetz Christi. Jesus Christus. Sein ganzes Leben war bestimmt von diesem Wort des Lastentragens für andere. Er war sich nicht zu schade dafür, andern Menschen ihre Lasten leichter zu machen, sie ihnen abzunehmen. In seinem Tod hat er unser aller Leiden, unser aller Schuld mit ans Kreuz getragen.

Sich gegenseitig tragen, dazu gehört auch ganz wesentlich, einander zu vergeben und einander um Vergebung zu bitten. Nur wenige Verse vor eurem Trauvers spricht Paulus das aus: „Wenn einer sich zu einer Verfehlung hinreißen lässt, so sollt ihr, die ihr im Geist Jesu Christi lebt, ihn im Geist der Sanftmut wieder auf den rechten Weg bringen ... Einer trage des andern Last, so werdet ihr das Gesetz Christi erfüllen." Sich gegenseitig tragen mit all seinen Lasten heißt auch: sich gegenseitig vergeben. Wenn einer aus dem Tritt geraten ist und die Füße nicht mehr auf die Pedale bringt, anhalten und gemeinsam von neuem anfangen zu treten – um es im Bild des Tandemfahrens auszudrücken.

Ich wünsche euch das, dass ihr einen gemeinsamen Tritt findet, dass eure Liebe bleibt und wächst, dass ihr die Kraft habt, einander die Lasten zu tragen, euch gegenseitig durchzutragen, dass ihr die Freude immer mehr entdeckt, die im gemeinsamen Fahren liegt. Nehmt den mit auf eure Fahrt, der uns vorgelebt hat, was es heißt, einander die Lasten zu tragen: Jesus Christus. Nehmt ihn mit hinein in euren Bund!

# 3. Schuhe – *Wenn einer stolpert*

**Text**: Ertragt einer den anderen, und vergebt euch untereinander, wenn jemand Klage hat gegen den andern; wie der Herr euch vergeben hat, so auch ihr! Und über alles zieht an die Liebe, die da ist das Band der Vollkommenheit. (Kol 3,13f.)

**Gegenstand/Geschenk**: Fragen wie: „Was schätzen Sie an Ihrem Partner/Ihrer Partnerin besonders?" oder „Worüber haben Sie sich in letzter Zeit am anderen geärgert?" gehören bei mir zu den Standardfragen beim Traugespräch. Hier kann man Überraschungen erleben. In diesem Fall waren es die vielen Schuhe der Braut, die ihn nervten.

Auf das Thema „Schuhe" kann man aber auch so kommen, etwa, wenn man vom nun gemeinsamen Lebensweg der beiden spricht. Von der Mutter der Braut oder des Bräutigams bekommt man leicht Baby- oder Kinderschuhe. In diesem Fall habe ich mir noch ein Paar Ausgehschuhe von ihr und ein Paar Arbeitsschuhe von ihm ausgeliehen. Die „Jesus-Latschen" hatte ich noch selbst im Schrank.

**Ansprache:**

*Liebe Iris, lieber Thorsten, liebe Gäste!*

„Der Thorsten ist so ruhig und angenehm, er hat so eine liebe, nette Art, ich kann ihm ganz vertrauen, und er ist so sensibel, findet den richtigen Ton." Das hast du, Iris, gesagt über deinen Mann, als ich dich gefragt habe: Was schätzt du besonders an ihm?

„Die Iris ist so offen und direkt, man kann gut mit ihr reden." Das war deine Antwort, Thorsten, auf die entsprechende Frage an dich.

Das hört man gerne. Da muss vielleicht erst mal einer kommen und diese Frage stellen, dass man das zu hören bekommt, was der andere an einem schätzt. „Mir hast du das noch nie gesagt!"

Aber ich habe auch die andere Frage gestellt: Was stört dich bei deinem Partner? Und das hört man natürlich nicht so gerne. Da muss auch nicht erst einer kommen und diese Frage stellen, das weiß man auch so. „Er ist ein bisschen unordentlich", hast du gesagt, Iris – wahrscheinlich nur, um irgendetwas zu sagen. – Und du, Thorsten, hast geantwortet: „Sie hat zu viele Schuhe. Andauernd stolpere ich über irgendwelche Schuhe."

Dazu passt der Trauspruch, den ihr beiden euch ausgesucht habt. Da ist davon die Rede, dass man auch die schlechten Seiten des anderen ertragen soll. Und wie man das kann: „Ertragt einer den anderen, und vergebt euch untereinander, wenn jemand Klage hat gegen den andern; wie der Herr euch vergeben hat, so auch ihr! Und über alles zieht an die Liebe, die da ist das Band der Vollkommenheit."

„Sie hat zu viele Schuhe" – ich habe diese kleine Eigenheit der Iris zum Anlass genommen, mir für diese Trauung heute ein paar Schuhe auszuborgen von den beiden.

Diese hier passen längst nicht mehr. Die Babyschuhe von der Iris erinnern an die Zeit, als sie die ersten Schritte gemacht hat. – Ihr beiden habt die ersten Schritte eures gemeinsamen Weges vor nunmehr fünf Jahren gemacht. Beim Tanztreff habt ihr euch kennen gelernt, habt ihr erzählt, dann seid ihr mal essen gegangen, und aus ersten, zaghaften Schritten wurden bald feste Tritte. Ihr habt gemerkt: Wir gehören zusammen. Und jetzt macht ihr Nägel mit Köpfen.

Wenn man sich dann so mit der Zeit besser kennen lernt, die rosarote Brille und die Tanzschuhe ablegt, dann sieht man auch die anderen Seiten des anderen, die nicht so angenehm und liebreizend sind.

„Ertragt einander!", sagt Paulus. Deswegen habe ich hier mal einen Arbeitsschuh vom Thorsten mitgebracht. Denn das ist manchmal schon Arbeit, den anderen zu ertragen. Nicht weil ihr so furchtbare, unerträgliche Menschen wäret. Aber ihr seid, wie ihr seid. Und man soll ja nicht denken, man könnte den anderen groß ändern im Laufe einer Ehe. Die Erfahrung zeigt: Das haut nicht hin. Ich kann den anderen nicht wirklich ändern. Ich muss ihn nehmen, wie er ist, und das heißt: Ich muss ihn zuweilen auch ertragen, wie er ist.

Und: Mein Partner wird sich verändern im Laufe der Jahre. Keiner von euch kann für sich selbst die Hand ins Feuer legen und sagen: Ich bleibe, wie ich bin, so ruhig und angenehm, so offen und direkt, wie du es an mir magst. Und ich werde dich immer lieben. Deswegen sagt Paulus: „Ertragt einander!" Und das kann Arbeit bedeuten.

Das hier ist ein Ausgehschuh von dir, Iris. Ich habe mir ihn deswegen erbeten, weil er einen hohen Absatz hat. Damit kann man leicht ins Stolpern kommen. – Auch in einer Beziehung gibt es das, dass man ins Stolpern kommt. Oft stolpert man über Kleinigkeiten, und einer tut dem anderen Unrecht, einer wird am anderen schuldig. Das gibt es.

Paulus sagt: „Ertragt einer den anderen, und vergebt euch untereinander, wenn jemand Klage hat gegen den andern; wie der Herr euch vergeben hat, so auch ihr!"

Wenn einer stolpert und hinfällt, dann kann der andere ihm wieder aufhelfen. Indem er ihm nichts nachträgt, sondern vergibt. Wirklich vergibt und dem anderen die Sache nicht noch drei Tage später wieder aufs Butterbrot schmiert. Denn dem anderen etwas nachtragen, das ist wirklich unnötige Arbeit. Das belastet beide, vor allem aber den, der nachtragend ist. Deswegen: „Vergebt euch untereinander, wenn jemand Klage hat gegen den andern; wie der Herr euch vergeben hat."

Und damit sind wir schon bei dem letzten Schuh: eine Sandale. Die gehört nun keinem von euch beiden, die habe ich mitgebracht. Es ist die Sorte Sandale, die man früher „Jesus-Latschen" genannt hat. Und genau deswegen habe ich sie hier dabei. „Vergebt einander, so wie der Herr euch vergeben hat." „Der Herr", das ist nämlich niemand anderes als der Herr Jesus. Deswegen die Jesus-Latschen.

Jesus hat uns vorgelebt, was es heißt, anderen zu vergeben. Noch am Kreuz betet er zu Gott für seine Peiniger: „Vater, vergib ihnen, denn sie wissen nicht, was sie tun.“ Das ganze Leben von Jesus ist gelebte Liebe. Deswegen tut jeder, der liebt, gut daran, sich an Jesus zu orientieren, Jesus nachzufolgen. Sozusagen in seine Fußstapfen zu treten. Oder eben in seine Jesus-Latschen. Die passen immer, egal ob Schuhgröße 46 oder 38. Den Schuh sollte ich mir anziehen. Jesus nachfolgen, das ist die beste Schule der Liebe, die man sich vorstellen kann. Denn Jesus ist nicht nur ein glänzendes Vorbild in Sachen Liebe, ein Vorbild aus längst vergangnen Zeiten. Jesus lebt, ihr könnt mit ihm reden, Iris und Thorsten, ihr könnt ihn um Hilfe bitten, wenn eure Kraft zu lieben begrenzt ist, wenn ihr an eure Grenzen kommt. Und ihr könnt ihn um Vergebung bitten, wenn ihr gestolpert und gefallen seid, wenn ihr versagt habt, wo ihr lieben wolltet.

Denn Jesus erträgt uns mit all unseren Fehlern und all unserer Schuld. Und Jesus ist nicht nachtragend, sondern vergibt uns gern. Er ist sozusagen die Liebe in Person.

Liebe – ganz ähnlich habt ihr ja auch über die Liebe geredet: „Liebe“, habt ihr gesagt, „Liebe ist Vertrauen. Den anderen lieben heißt, ihn zu akzeptieren, wie er ist. Für den anderen da zu sein.“

„Und über alles zieht an die Liebe, die da ist das Band der Vollkommenheit.“ Sagt Paulus. Deswegen binde ich jetzt noch eine rote Schleife hier an die Jesus-Latschen: das Band der Liebe. Denn Jesus ist für euch da. Heute und jeden Tag eures gemeinsamen Lebensweges.

# 4. Ehe-Buch

## *Was bleibt*

**Text:** Nun aber bleiben Glaube, Hoffnung, Liebe, diese drei. Am größten jedoch ist die Liebe. (1. Kor 13,13)

**Gegenstand/Geschenk:** Diese Ansprache ist universell einsetzbar. Einzige Bedingung: Es muss irgendeine nette Geschichte geben, die die beiden verbindet, eine Kennenlern-Geschichte etwa. Und weil sie so schön ist, muss man sie aufschreiben – und schon ist man mitten in der Ansprache und im Bibelwort.

Als Geschenk für die Brautleute kann man eine einfache China-Kladde für zwei Euro überreichen – oder einen Band aus handgeschöpftem Papier. Die erste Seite kann man liebevoll für die beiden gestalten. In diesem Fall hatte die Braut ein Gedicht geschrieben, und der Bräutigam hat später ein Bild dazu gemalt; das war natürlich ein wunderbarer Auftakt für das Ehe-Buch.

**Ansprache:**

*Liebe Ines, lieber Roland, liebe Gäste!*

Das Glück ist wie ein Schmetterling. Wenn du ihm nachjagst, wird es dir davonfliegen. Wenn du dich aber ruhig hinsetzt, dann wird es sanft auf deiner Schulter landen.

Diese Einsicht kam von euch, und sie beruht auf Erfahrung. Da geht einer regelmäßig fort in die einschlägigen Kneipen – man könnte ja jemanden kennen lernen. Aber nichts ist! Man hält die Augen offen, aber nichts geschieht. Und dann geht man nichts ahnend aufs Exe-Fest, das ja nun wirklich keine klassische Anbagger-Station ist, sitzt mit Freunden zusammen, und dann taucht da eine junge Dame auf, die man irgendwo schon mal getroffen hat, und setzt sich einem gegenüber. Und als alle anderen schon längst gegangen sind, da sitzt man sich immer noch gegenüber. Und am nächsten Tag wird das Telefongespräch nur unterbrochen, um ein gewisses Örtchen aufzusuchen. Und so nimmt die Liebe ihren Lauf …

Das sind Geschichten, die sollte man nicht vergessen. Die muss man später einmal seinen Enkeln erzählen. Am besten, man schreibt sie gleich auf. Deswegen will ich schon jetzt mal das Geschenk zur Hand nehmen, das ihr heute von mir bekommt. Es ist ein Tagebuch. Das Tagebuch eurer Ehe, wenn ihr so wollt. Jedenfalls der erste Band.

Wir haben selbst ein solches Ehe-Tagebuch zur Hochzeit geschenkt bekommen, und der zweite Band quillt mittlerweile über von den vielen Einträgen und Eintrittskarten, von Zeitungsausschnitten und Zeichnungen, von Bildern und Botschaften für den andern. Und nach fünfzehn Jahren Ehe schmökern wir ab und zu in den Bänden und erinnern uns an vieles Schöne oder auch Schwere. Ein Tagebuch ist dazu da, dass man Erinnerungen bewahrt. Erlebnisse und Einsichten, die sonst leicht im Alltag verfliegen, können hier bleibend festgehalten werden.

Und nun stelle ich mir euch vor, wie ihr in sagen wir dreißig Jahren zusammen auf dem Sofa sitzt – vielleicht die Enkel auf dem Knie – und in diesem Ehe-Tagebuch blättert: Weißt du noch …? – Ach schau mal da, das hatte ich ganz vergessen … Manches wird nur schöne Erinnerung sein. Vieles jedoch wird auch bleibenden Wert haben. Vielleicht fragt ihr euch dann: Was bleibt nun von all den Jahren?

Was bleibt? Eine Frage, die zu stellen auch jetzt schon lohnt. Und die Wahl eures Trauspruches zeigt mir, dass ihr diese Frage schon jetzt stellt.

„Nun aber bleiben Glaube, Hoffnung, Liebe, diese drei. Am größten jedoch ist die Liebe.“

Was bleibt? Paulus nennt drei Dinge: Glaube, Hoffnung, Liebe. Aber am größten von den dreien ist das Dritte: die Liebe. Was bleibt, ist die Liebe. Alles, was ihr einander aus Liebe sagt oder tut, das wird bleiben – egal, ob ihr es in dieses Buch hineinschreibt oder nicht. Denn ein anderer wird es in sein Buch schreiben. So können wir uns das jedenfalls vorstellen: dass Gott alles aufschreibt, was wir aus Liebe tun. Nichts davon ist vergessen. Nichts davon ist umsonst. Nichts davon ist sinnlos. Weil Gott die Liebe ist, hat alles einen Sinn, wenn es aus Liebe geschieht.

Liebe – was ist Liebe? So habe ich ja auch euch gefragt. Von Geborgenheit habt ihr gesprochen, von Vertrauen. Der Abschnitt aus dem Kleinen Prinzen, den wir nachher noch hören werden, ist ja so ein Lehrstück des Vertrauens. Um gegenseitiges Verzeihen ging es, um das Wagnis eines Neuanfangs. Immer wieder. – Ich finde, das zusammen ist eine wunderbare Beschreibung dessen, was Liebe ist.

Und die Liebe ist ja an sich eine wunderbare Sache. Schöne Gefühle für den anderen ebenso wie die Möglichkeit, Verantwortung zu übernehmen für den anderen, für die Beziehung. Und natürlich für euren gemeinsamen Sohn, den kleinen Florian. Liebe, das sage ich jetzt, ist die beste Erfindung, die Gott gemacht hat. Liebe ist das größte Geschenk, das er uns gemacht hat, das er uns macht.

Die Bibel sagt: „Gott ist die Liebe.“ Alle Liebe hat ihren Ursprung in Gott. Die Liebe ist Gottes ureigenste Erfindung. Wir können sie nicht machen, wir können sie uns nur schenken lassen. Und das heißt: Sie will erbeten sein. Wir können Gott nur immer wieder darum bitten. Das hat die Liebe mit den anderen beiden gemeinsam: mit dem Glauben und mit der Hoffnung. Sie alle wollen erbeten sein. Aber Gott gibt gerne. Und Liebe gibt er am allerliebsten – das glaube ich ganz sicher.

Darum: Bittet Gott um Liebe!

Bittet Gott um Liebe, wenn der Alltag euch wieder einholt.

Bittet Gott um Liebe, wenn das Vertrauen einmal gestört ist.

Bittet Gott um Liebe, wenn die schönen Gefühle einmal auf sich warten lassen.

Dankt Gott für eure Liebe, wenn es euch so gut geht wie jetzt gerade.

Schreibt euch das in euer Ehe-Buch, am besten ganz vorne hinein, damit ihr es nicht vergesst: Gott ist die Liebe. Und die Liebe ist das größte Geschenk, das Gott uns machen will. Und die Liebe bleibt. Gott will dafür sorgen. Und dann malt eine große Sonnenblume auf die nächste Seite, und schreibt das Gedicht dazu, das ihr euch gegenseitig als Liebeserklärung sagen werdet.

**Text:** Gott sagt: Auch bis in euer Alter bin ich derselbe, und ich will euch tragen, bis ihr grau werdet. (Jes 46,4)

oder: Wer unter dem Schirm des Höchsten sitzt und unter dem Schatten des Allmächtigen bleibt, der spricht zu dem Herrn: Meine Zuversicht und meine Burg, mein Gott, auf den ich traue. (Ps 91,1.2)

**Gegenstand/Geschenk:** Aus Kasachstan waren beide Brautleute mit ihren Familien nach Deutschland gekommen, hier hatten sie sich dann kennen gelernt. Das Bild vom Regenschirm ist jedoch in so ziemlich allen Kulturen verständlich: Einer beschirmt den anderen, und über beiden steht der „Schirm des Höchsten“.

Als Geschenk bietet sich ein Regenschirm an, mit wasserfestem Stift können alle Hochzeitsgäste sich darauf verewigen.

**Ansprache:**

*Liebe Olga, lieber Victor, liebe Gäste!*

Da musstet ihr beiden erst nach Deutschland kommen, um euch kennen zu lernen! Da musstet ihr die Heimat verlassen, um in der neuen Heimat euch zu finden und lieben zu lernen. Zufall? „Das musste so sein", hat dein Vater gesagt, Victor. Ich denke, er hat Recht.

Ich habe heute etwas mitgebracht, was es in eurer alten Heimat genauso gibt wie in der neuen: einen Schirm. Ich kann ihn gut brauchen, um das zu sagen, was ich euch heute sagen möchte.

So ein Schirm ist ein nützliches Ding, auch wenn er an einem Tag wie heute höchstens als Sonnenschirm Verwendung findet. Wir können uns trösten – in Kasachstan sei es noch viel heißer, habt ihr mir erzählt. Regen gibt es dort sicher auch genug, und gegen Regen, Schnee und Sturm bietet er Schutz. Und wenn man ihn nicht mehr braucht, klappt man ihn zusammen und stellt ihn in eine Ecke.

Das mit dem Schirm, das hat natürlich eine symbolische Bedeutung. Jemanden beschirmen heißt ihn beschützen. Und das gehört ja zu einer Ehe notwendig dazu: dass man sich gegenseitig beschirmt und beschützt. Früher war es so, dass vorwiegend der Mann die Frau zu beschützen hatte – heute denken wir da meist anders. Jetzt, wo ihr Mann und Frau seid, wollt ihr füreinander Schirm und Schild sein, wollt euch gegenseitig schützen vor den Stürmen des Lebens.

Es gibt ein Liebeslied, in dem der Sänger sich selbst mit einem Schirm vergleicht.

Ich will dir treu sein,
wie mein alter Schirm mir treu ist,
wenn er auch nicht mehr ganz neu ist,
lässt er mich doch nicht im Stich.
Kommt vom Westen her mir Regen
und vom Osten Schnee entgegen,
trotz ich allem kühn verwegen,
denn mein Schirm beschirmet mich.
Sollt ich als Schirm nach vielen Jahren
nichts mehr nützen, mit rost'ger Krücke,
ausgefranst und halb verdreht,

kannst du doch deine alten Glieder auf mich stützen –
und kannst gestützt mich tragen, bis es nicht mehr geht.
Nun gut, dann bleiben wir halt beide ruhig sitzen,
weil über uns ja noch der Schirm des Höchsten steht.
(Manfred Siebald)

„Ich will dir treu sein, wie mein alter Schirm mir treu ist …" Ich denke, da sind wir uns einig, dass die Treue zur Ehe dazugehört. Aber wie ist das überhaupt möglich, treu zu sein? Gut, im Moment scheint das keine Frage zu sein. Wenn der Himmel voller Geigen hängt, ist es leicht, von Treue zu reden. Aber ihr seid nicht mehr zwanzig. Ihr habt schon manches mitgemacht im Leben. Die ungestüme Blauäugigkeit eines Jugendlichen habt ihr hinter euch gelassen und habt eure eigenen Erfahrungen gemacht. Ihr seht weiter als bis nächstes Jahr. „… wie mein alter Schirm mir treu ist …"

Ja, wie sieht es aus im Alter? Werdet ihr euch dann noch so treu sein, wie ihr es heute seid, wie ihr es euch heute gegenseitig versprechen werdet „… bis der Tod euch scheidet …"? Wer mag die Hand für sich selbst ins Feuer legen? Wer kann versprechen, dass er in zwanzig oder vierzig Jahren noch so zum anderen stehen wird? Bin ich im Alter nicht ein ganz anderer als heute?

Ich habe für euch einen Trauspruch ausgesucht, der auf genau diese eben gestellten Fragen eine Antwort gibt:

„Auch bis in euer Alter bin ich derselbe, und ich will euch tragen, bis ihr grau werdet."

Gott gibt hier eine Zusage. „Ich bin derselbe", sagt er. „Auch wenn ihr euch verändert, wenn eure Wünsche und Ziele im Laufe der vielen Jahre sich ändern, so bin ich doch noch derselbe. Wenn eure Treue fraglich wird, so steht meine Treue doch fest." Das ist Gottes Zusage, die er euch heute macht.

Und so bekommt dieser Schirm noch eine weitere, eine übergeordnete Bedeutung. Die letzte Strophe des Liedes deutet das an: „Sollt ich als Schirm nach vielen Jahren nichts mehr nützen, mit rost'ger Krücke, ausgefranst und halb verdreht, kannst du doch deine alten Glieder auf mich stützen und kannst gestützt mich tragen, bis es nicht mehr geht. Nun gut, dann bleiben wir halt beide ruhig sitzen, weil über uns ja noch der Schirm des Höchsten steht."

Der Schirm, den wir – bildlich gesprochen – uns gegenseitig über dem Kopf ausspannen, der Schutz und die Treue, die wir uns gegenseitig geben können, dieser Schirm wird sich mit Sicherheit stark abnützen über die Jahre. Und wie gut ist es, dass dann sozusagen über eurem Schirm noch ein weiterer Schirm aufgespannt ist: Der „Schirm des Höchsten", wie es in Psalm 91 heißt, und das ist die Treue Gottes. Wir könnten auch sagen: der Segen Gottes. Deswegen seid ihr ja heute gekommen, um euch den Segen Gottes für eure Ehe zu erbitten. Der Segen Gottes, das heißt: Ich weiß, da ist noch einer über uns, der sieht weiter als wir, der kann auch noch Gutes machen aus dem, was wir verbauen. „Ich will euch tragen, bis ihr grau werdet" – so heißt es in eurem Trautext. Das ist ein anderes Bild, Tragen, Getragensein. Aber es drückt dasselbe aus: Gott will bei euch sein, sozusagen von oben her mit seinem Schutz und Segen, und mit seinem Halt sozusagen von unten.

Gott will euch heute seinen Segen schenken. Er verspricht euch, mit seiner Treue bei euch zu sein und zu bleiben. Durch sein Wort will er euch Weisung geben für eure Ehe – daher bekommt ihr nachher noch eine Bibel geschenkt. Nehmt ihn beim Wort, ihn, der euch heute zusagt: „Auch bis in euer Alter bin ich derselbe, und ich will euch tragen, bis ihr grau werdet."

# 6. Zwei Hundeleinen

## *Nähe und Distanz*

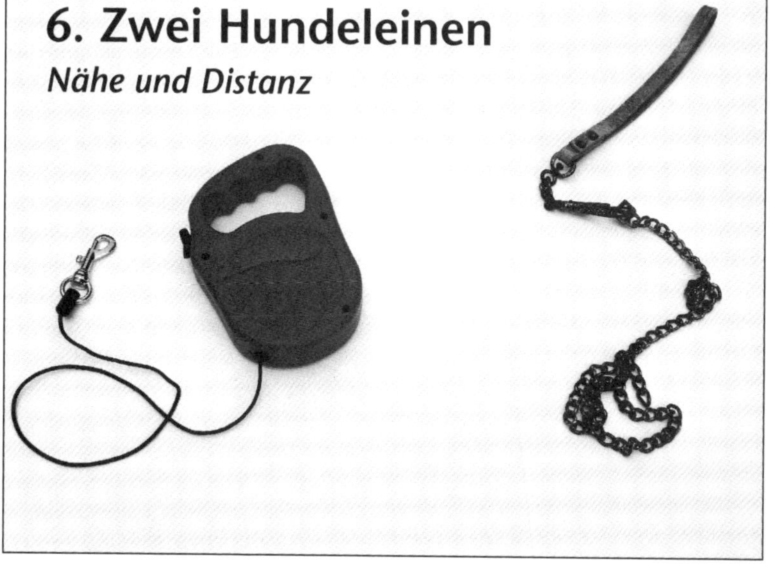

**Text:** Über alles zieht an die Liebe, die da ist das Band der Vollkommenheit. (Kolosser 3,13f.)

oder: Du stellst meine Füße auf weiten Raum. (Ps 31,9)

oder: Seid darauf bedacht, zu wahren die Einigkeit durch das Band des Friedens. (Eph 4,3)

Lesung: 1. Kor 13,4-7

**Gegenstand/Geschenk:** Wenn die Brautleute einen Hund haben oder Hundefreunde sind, kann man mühelos daran anknüpfen. Doch auch sonst ist das Bild von der kurzen und der langen Leine geeignet, die Spannung zwischen Nähe und Distanz in einer Ehe sichtbar zu machen. Die Feder in einer modernen Hundeleine wird zum Sinnbild der Liebe Gottes.

Von Freunden habe ich mir eine alte Hundeleine besorgt: kurz und rostig. Eines der Kettenglieder habe ich mit einer Eisensäge angesägt; dann war es ein Leichtes, mit der Beißzange die Kette zu knacken. Für die Demonstration der ausziehbaren Hundeleine habe ich Kinder gebeten, mir zu helfen.

**Ansprache:**

*Liebe Melanie, lieber Klaus, liebe Gäste!*

In eurem Trauvers aus dem Kolosserbrief heißt es: „Über alles zieht an die Liebe, die da ist das Band der Vollkommenheit." Ich möchte heute euer Augenmerk auf einen Teil eures Trauspruches lenken, genauer gesagt auf das kleine Wort „Band". Vom „Band der Vollkommenheit" ist hier die Rede, „die Liebe" ist dieses „Band der Vollkommenheit".

Ich habe mir Gedanken gemacht über dieses „Band". Das ist ja ein recht passendes Wort, wenn man heiratet. Wir sprechen vom „Bund der Ehe", das ist ja dasselbe Wort. Ihr beiden habt auch irgendwann miteinander „angebandelt". Ihr bindet euch nun aneinander. Und im Segen nachher wird auch die Rede sein vom „Band der Liebe", das eure Herzen vereinen soll. Was für ein Band ist das?

Die Assoziationen, die man so zu „Band" und „binden" hat, sind zunächst einmal vielleicht gar nicht so positiv. Wer sich zu fest bindet, der gibt seine Freiheit her. Wo man ein zu enges Band knüpft, da kann sich der Einzelne nicht mehr entwickeln. Ein solches Band der Liebe lässt einen nicht frei durchatmen, das nimmt einem die Luft. Diese Einstellung trifft man häufig an, und diese Erfahrung kann man auch tatsächlich machen. Dann bleibt die Frage: War das wirklich Liebe?

Ich habe deshalb einmal ein Modell eines solchen Bandes mitgebracht, es steht für diese negative Sicht der Bindung, der Ehe: eine Hundeleine. Kurz und rostig. Wer die Ehe als eine solche Bindung ansieht und wer sie vorwiegend so erlebt, der wird früher oder später nur das Eine wollen: aus dieser Bindung ausbrechen. Mehr oder weniger offensichtlich. Dabei geschieht oft dies: (Hundeleine knacken). Es kann natürlich auch geschehen, wenn der eine oder die andere dieses Band einfach loslässt. Da ist dann nicht zu viel Nähe, sondern zu wenig Nähe der Grund der Trennung.

Aber wir wollen heute nicht von Trennung reden, sondern vom Band der Liebe. Aber das alles zeigt zumindest ein Problem an, nämlich: Wie können wir in unserer Ehe das Verhältnis von Nähe und Distanz richtig bestimmen? Zu eng soll es nicht sein, denn jeder braucht seinen Freiraum. Zu weit aber auch nicht, denn ihr gehört ja schließlich zusammen.

Ihr habt gemerkt, dass ihr beides braucht. Einmal die Nähe, dass man sich einfach einmal anlehnen kann. Dann aber habt ihr gemerkt, dass es für eure Beziehung ganz wichtig ist, den anderen auch einmal gehen lassen zu können. Den anderen laufen lassen zu können, ohne Angst zu haben, er könnte ganz weglaufen.

Die Alternative zu dieser kurzen Leine heißt nun nicht: gar keine Leine. Sondern: eine lange Leine. Ich habe auch eine solche lange Leine mitgebracht heute. Diese Leine hat nämlich ein Geheimnis. Es ist nicht einfach eine beliebig lange Leine, sondern sie hat innen drin eine Feder. Diese Feder sorgt mit sanftem Zug dafür, dass die Entfernung nicht zu groß wird und dass die Verbindung bestehen bleibt. Eine solche lange Leine mit einer sanften Feder drin, das wäre das Richtige in einer Beziehung, in einer Ehe.

Das, was ich eben beschrieben habe, das hat nun wirklich diesen Namen verdient: Band der LIEBE. Ich habe für euch als Lesung Worte ausgesucht aus dem „Hohenlied der Liebe", aus 1. Kor 13 – wir werden sie nachher noch im Zusammenhang hören. Dort heißt es: „Die Liebe ist geduldig und gütig, sie ereifert sich nicht, sie sucht nicht das Eigene, sie trägt das Böse nicht nach."

Wo findet man eine solche Liebe, eine Liebe, die alles trägt, die alles hofft, die allem standhält? Muss eine solche Liebe nicht Wunschbild bleiben? Müssten wir, um so lieben zu können, nicht der liebe Gott selbst sein? Ich jedenfalls habe diese Erfahrung gemacht: Wir stoßen sehr schnell an unsere Grenzen. Wir merken: Uns fehlt diese Liebe. Uns fehlt die Kraft, so zu lieben. Häufig können wir entweder krampfhaft festhalten oder aber ganz loslassen und uns abwenden vom anderen. Uns fehlt das Geheimnis dieser Hundeleine. Uns fehlt diese geheimnisvolle Feder.

Diese Feder ist die Liebe Gottes. Wer ihn und seine Liebe kennen gelernt hat, der hat erfahren: An einer solchen langen Leine lässt er uns Menschen laufen. Er gängelt uns nicht, er lässt uns unsere Freiheit. Und doch bleibt er uns auf den Fersen. So ist seine Liebe. Und diese Liebe bleibt auch unter uns Menschen kein Wunschbild, wenn wir uns selbst dieser Liebe Gottes anvertrauen. Wenn wir unsere Kraft zu lieben aus seiner Liebe beziehen.

Wir alle hier wünschen euch das: dass die Liebe Gottes wie diese Feder hier den Abstand zwischen euch bestimmt. Dass die Liebe Gottes in jedem von euch beiden Gestalt und Kraft gewinnt. Dass ihr Gottes Hand erfahrt als Führung und Halt in eurem gemeinsamen Leben. Und dass seine Treue euch die Kraft gibt, einander treu zu bleiben.

Das wünschen wir euch. Und darum wollen wir Gott bitten.

# 7. Das Band der Liebe

## *Alles hängt an Gottes Liebe*

**Text:** Ihr seid von Gott geliebt, seid seine auserwählten Heiligen. Darum bekleidet euch mit aufrichtigem Erbarmen, mit Güte, Demut, Milde, Geduld! Ertragt euch gegenseitig, und vergebt einander, wenn einer dem anderen etwas vorzuwerfen hat. Wie der Herr euch vergeben hat, so vergebt auch ihr! Vor allem aber liebt einander, denn die Liebe ist das Band, das alles zusammenhält und vollkommen macht. (Kol 3,12f., Einheitsübersetzung)

**Gegenstand/Geschenk:** Für beide Partner war es die zweite Ehe, sie war Witwe, ihren Mann hatte ich zwei Jahre zuvor beerdigt. Braut und Bräutigam waren schon um die sechzig, doch offensichtlich frisch verliebt. Die Hochzeit fand an einem wunderschönen Frühlingstag im April statt. Die Braut trug ein lindgrünes Frühlingskleid mit Blumenmuster, und auch er war neu und jugendlich eingekleidet. Daran knüpft die göttliche Kleiderordnung an, die vom „Band der Liebe" zusammengehalten wird. Ein rotes Geschenkband, lang genug, um beide zu umfassen, wird mit einem roten Herzen verbunden; darauf stehen die ersten Worte des Trauspruches.

**Ansprache:**

*Liebes Brautpaar, liebe Gäste!*

Wir dachten schon, er kommt gar nicht mehr dieses Jahr – der Frühling. Aber jetzt ist er da, und es gibt kein Halten mehr. Alles grünt und blüht, die Pflanzen sind aus ihrem Winterschlaf erwacht, sie haben neue Kraft geschöpft, und es ist, als würde das Leben neu beginnen. „Komm doch, lieber Frühling, jag den Winter fort, und mach das Leben neu." So singen die Kinder.

Wenn ich euch beide so anschaue, dann habe ich den Eindruck: Da sind zwei neu aufgeblüht. Da sprosst etwas ganz neu. Da kommen neue Kräfte an den Tag, da beginnt das Leben ganz neu. Nicht umsonst spricht man ja vom zweiten Frühling. Bei euch ist er angebrochen, dieser zweite Frühling, und wir freuen uns mit euch.

Zum Frühling gehört, dass man neue Kleider anzieht. Der Wintermantel wird erst einmal eingemottet, und das Sommerkleid wird herausgeholt. Oftmals kauft man sich auch gerne etwas Neues, wenn es Frühling wird. Und das habt ihr ja auch getan. Zum neuen Leben, das nun beginnen soll, gehören auch neue Kleider.

Neue Kleider als Zeichen eines neuen Lebens – das habe ich mir nicht selbst ausgedacht. Das ist das Bild, das der Apostel Paulus in eurem Trauspruch benutzt:

„Ihr seid von Gott geliebt, seid seine auserwählten Heiligen. Darum bekleidet euch mit aufrichtigem Erbarmen, mit Güte, Demut, Milde, Geduld! Ertragt euch gegenseitig, und vergebt einander, wenn einer dem anderen etwas vorzuwerfen hat. Wie der Herr euch vergeben hat, so vergebt auch ihr! Vor allem aber liebt einander, denn die Liebe ist das Band, das alles zusammenhält und vollkommen macht."

Neue Kleider als Zeichen eines neuen Lebens. Die neuen Kleider, von denen Paulus hier spricht, haben viele Namen: „aufrichtiges Erbarmen, Güte, Demut, Milde, Geduld". Das sind wahrhaftig sehr brauchbare Kleider, wenn wir an die Ehe denken, wenn ihr an eure Ehe denkt. Von Herzen barmherzig sein mit dem anderen, wenn er oder sie einmal Fehler macht. Dem anderen freundlich begegnen, auch wenn er oder sie mit dem falschen Fuß aufgestanden und gerade einmal nicht so freundlich ist. Den anderen in Demut achten, auch wenn wir einmal ganz unterschiedliche Bedürfnisse oder Erwartungen haben. Mit Nachsicht und Geduld auch die Macken des anderen ertragen: „Ertragt euch gegenseitig.“ Das sind ganz ausgezeichnete Kleidungsstücke, mit denen man sehr gut in den Frühling, gerade auch in den zweiten Frühling starten kann.

Nun ist es aber mit neuen Kleidern so eine Sache. Wenn man sich neu einkleidet, dann darf man eines nicht vergessen: nämlich die alten Kleider abzulegen. Die Freude am neuen Frühlingskleid währt nicht lange, wenn man darunter noch den Winterpullover lässt. Deswegen fährt Paulus hier auch fort: „Vergebt einander, wenn einer dem anderen etwas vorzuwerfen hat!“

Wenn so ein neuer Lebensabschnitt beginnt, dann darf man nicht zurückschauen auf das, was war. Jedenfalls nicht auf die Fehler und Sünden der Vergangenheit. Wenn schon zurückschauen, dann in Dankbarkeit. Das hat seine Zeit. Aber dann den Blick nach vorne. Den Winterpullover in die Ecke und das Frühlingskleid angezogen! Das gilt zunächst einmal für euch beide. „Vergebt einander.“ Vergebt, was immer zu vergeben ist. Ein Neuanfang ist angesagt.

Das gilt aber ebenso für alle anderen. „Vergebt einander, wenn einer dem anderen etwas vorzuwerfen hat!“ Gebt den beiden eine Chance. Schaut mit den beiden nach vorne. Ein Neuanfang ist angesagt.

„Wie der Herr euch vergeben hat, so vergebt auch ihr!“ Wir leben von der Vergebung Gottes. Von der Weite seines Herzens. Sollten wir dann so kleinherzig sein und nicht vergeben können? Weg mit den alten muffigen Kleidern der Vergangenheit! Fort mit dem schmuddeligen Grau unserer alten Fehler und Sünden. Gott will uns ein neues weißes Kleid schenken.

Wir müssen uns dieses neue Kleid im Stil der damaligen römischen Mode vorstellen: ein langes weites Gewand. Das ist zwar an sich schon ganz hübsch, aber es fehlt noch etwas. Es fehlt etwas, das dieses Kleid zusammenhält, eine Art Gürtel. Erst dann ist das neue Kleid vollkommen. Deswegen schreibt Paulus weiter: „Vor allem aber liebt einander, denn die Liebe ist das Band, das alles zusammenhält und vollkommen macht.“

Die neuen Kleider, die Paulus uns für den neuen Anfang empfiehlt – „aufrichtiges Erbarmen, Güte, Demut, Milde, Geduld“ –, diese neuen Kleider werden zusammengehalten, sie sind zusammengefasst in dem Band der Liebe. Ich brauche euch nicht zu erzählen, was Liebe ist. Ihr wisst aus langer Erfahrung, dass sie viel mehr ist als ein

Gefühl. Dass ganz viel von unserem Willen dazugehört. Unsere Treue, unsere Zuverlässigkeit ist gefragt.

Jetzt fehlt nur noch das Band der Liebe, das ihr über alles drüberziehen sollt. Ein ganz einfaches rotes Band hänge ich euch beiden jetzt um, mit einem Herzen unten dran. Das soll das Band der Liebe sein. Und auf das Herz, da habe ich die ersten Worte des Kolosser-Textes geschrieben: „Ihr seid von Gott geliebt ..." Denn daran hängt alles, die ganze Kleidersammlung, die wir hier gesehen haben: unsere Barmherzigkeit, Güte, Demut, Milde und Geduld. „Ihr seid von Gott geliebt ..." Daran hängt alles: All unsere Liebe hängt an der Liebe Gottes zu uns.

Unsere Fähigkeit, treu zu sein, die müssen wir uns immer wieder schenken lassen. Von dem, der selbst treu ist. Um die Fähigkeit, den anderen wirklich zu lieben, um diese Liebe müssen wir immer wieder bitten. Den, der selbst die Liebe ist. Die Bereitschaft, immer wieder zu vergeben, wir haben sie nicht aus uns selbst. Gott, der uns gerne vergibt, will sie uns immer wieder geben.

Und dann werden uns auch die anderen Kleider – „aufrichtiges Erbarmen, Güte, Demut, Milde, Geduld!" – gut passen und auch stehen. Und wir können fröhlich einen Neuanfang wagen. Einen zweiten Frühling, wo alles wieder grünt und blüht. Nicht die Jahreszeit schafft diesen Neuanfang. Gott selbst ist es, der alles neu machen will. Auch euer Leben.

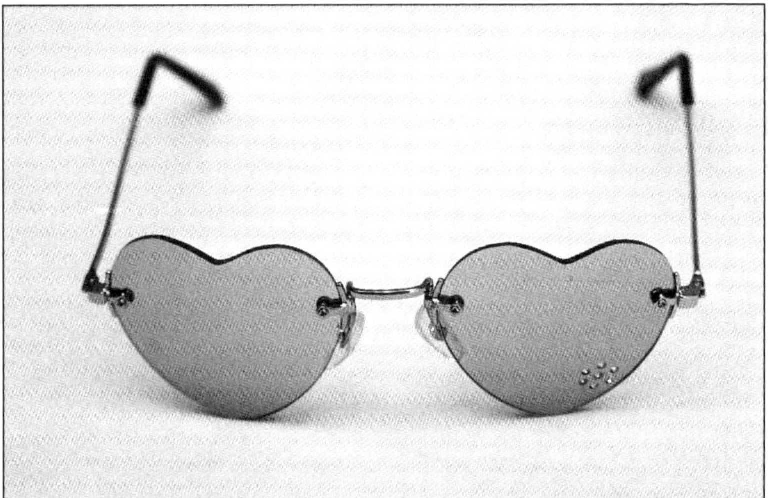

## 8. „Herz-Brille“ – *Mit dem Herzen sehen*

**Text:** Die Liebe ist langmütig und freundlich, die Liebe eifert nicht, die Liebe treibt nicht Mutwillen, sie bläht sich nicht auf, sie verhält sich nicht ungehörig, sie sucht nicht das Ihre, sie lässt sich nicht erbittern, sie rechnet das Böse nicht zu, sie freut sich nicht über die Ungerechtigkeit, sie freut sich aber an der Wahrheit, sie erträgt alles, sie glaubt alles, sie hofft alles, sie duldet alles. (1. Kor 13,4-7)

**Gegenstand/Geschenk:** Braut und Bräutigam sind kurzsichtig, sie trägt eine Brille. Als sie sich kennen lernten, hatte sie die Brille nicht aufgehabt. Ich überreiche den beiden eine rosa Spaß-Sonnenbrille mit herzförmigen Gläsern (ca. 10 Euro, zu beziehen bei: Kurzenberger Brillen, Luitpoldstr. 31, 82152 Krailling, Fon: 089-8993670). Bei unserem Gespräch habe ich nach der besonderen Geschichte des Paares gefragt, aber auch danach, was „Liebe“ für die beiden bedeutet. Der Trauspruch wurde vom Brautpaar ausgesucht. Die Ansprache lässt sich leicht auf andere Bibeltexte umschreiben, zumal, wenn das Stichwort „Liebe“ darin vorkommt.

**Ansprache:**

*Liebe Lisa, lieber Marcel, liebe Gäste!*

Manchmal lohnt es sich, zweimal hinzuschauen. Beim ersten Mal hattest du deine Brille nicht auf, Lisa. Das ist eine gute Entschuldigung. Auch dafür, dass du den Marcel mal eben so ins Becken geschmissen hast. Und du, Marcel, hast erst später festgestellt, dass deine Sicht nicht optimal ist, und trägst jetzt unauffällige Kontaktlinsen. An jenem Tag im Schwimmbad jedenfalls, da wart ihr beide mit Blindheit geschlagen. Ihr hattet ja auch anderes vor: nämlich eure Trauzeugen von heute miteinander zu verkuppeln.

Das ist euch damals nicht gelungen – auf lange Sicht zum Wohl der Beteiligten, wie ihr mir versichert habt. Kurz darauf – es war gerade Dorffest hier – musstest du, Lisa, dem Matthias dann die Botschaft überbringen, dass die Ulrike ... nun, nicht wollte. Der Matthias hat seine Enttäuschung erst mal mit ein paar Gläsern Selbstgebranntem heruntergespült, worauf du, Lisa, ihm den Marcel im Auto hinterhergeschickt hast – man weiß ja nie. Alles ging gut, und er stand wieder da, der Marcel, morgens so um halb vier. Na ja, und dann habt ihr euch mal ein bisschen näher betrachtet. Ihr habt euch einfach unterhalten. Und dabei hast du nicht nur festgestellt, dass der Marcel – mit Brille betrachtet – ein ganz hübscher Kerl ist. Ihr habt beide auch tiefer gesehen. Auf den inneren Menschen sozusagen. Und habt wichtigere Werte entdeckt als Bizeps, Hüftschwung und charmanten Augenaufschlag.

Du hast gemerkt, Lisa: Der Marcel kann ganz prima zuhören, dem kann ich alles erzählen. Und du, Marcel, hast gesehen: Die Lisa, die sprüht vor Ideen, die sieht manches auf so unkonventionelle, unverbrauchte Weise, das tut richtig gut.

Das alles ist jetzt schon über acht Jahre her. Seitdem habt ihr beiden am jeweils anderen noch viel mehr entdeckt. „Marcel kann nicht nur gut zuhören", hast du gesagt, Lisa, „der hält auch eine Menge aus. Der hat keine Angst vor irgendwelchen dunklen Seiten an mir. Außerdem ist sein Nudelauflauf mit Hackfleischsoße einmalig!" – Und du, Marcel, hast gesagt: „Die Lisa hat all die Jahre treu zu mir gehalten. Als ich beim Bund war und immer montagmorgens ganz früh raus musste, da ist die Lisa um vier aufgestanden und hat Frühstück für mich gemacht. Von den Freundinnen meiner Kollegen hat das keine getan."

Tja, das muss wohl Liebe sein. Und so ist es nur folgerichtig, dass ihr euch einen Trauspruch ausgesucht habt, der von der Liebe handelt. Paulus schreibt das im 1. Kor:

„Die Liebe ist langmütig und freundlich, die Liebe eifert nicht, die Liebe treibt nicht Mutwillen, sie bläht sich nicht auf, sie verhält sich nicht ungehörig, sie sucht nicht das Ihre, sie lässt sich nicht erbittern, sie rechnet das Böse nicht zu, sie freut sich nicht über die Ungerechtigkeit, sie freut sich aber an der Wahrheit, sie erträgt alles, sie glaubt alles, sie hofft alles, sie duldet alles."

Das ist die Beschreibung einer Liebe, die viel aushält: „alles", sagt Paulus. Das muss eine Liebe sein, die sich nicht entmutigen lässt, die wirklich keine Angst hat vor den dunklen Seiten des anderen. Eine Liebe, die nicht nachtragend ist, sondern gerne vergibt, einen Neuanfang wagt. Eine Liebe, die das eigene Ich nicht an die erste Stelle setzt, sondern den anderen Nummer Eins sein lässt. Wahre Liebe eben. Liebe, von der jeder träumt, die sich jeder wünscht – die man aber so doch nur selten findet. Es ist eine Liebe, die den anderen auf ganz besondere Weise sieht. Eine Liebe, die bereit ist, über manches hinwegzusehen. Weil sie tiefer sieht. Es ist eine Liebe, die den anderen so sieht, wie Gott ihn sieht: mit den Augen der Liebe.

Als Zeichen dafür habe ich hier eine besondere Brille mitgebracht (rosa Sonnenbrille in Herzform zeigen). Dazu muss ich gleich eines sagen: Die Farbe täuscht. Die Brille, die ich meine, ist gerade keine rosarote Brille. Diese Art von Liebe macht gerade nicht blind, sondern sie macht sehend. Sie sieht klar. Sie sieht den anderen, wie er wirklich ist. Wichtiger ist die Form: zwei Herzen. Eben: die Augen der Liebe.

Wenn ich meinen Partner mit den Augen der Liebe ansehe, dann interessiert es mich nicht, ob ihm irgendwann vielleicht die Haare ausfallen oder grau werden, ob die Adonis-Figur sich hält oder nicht. Dann werde ich darüber hinwegsehen, dass er oder sie Fehler hat und Fehler macht. Ich werde sozusagen hindurchsehen durch vieles Oberflächliche, und ich werde den anderen so sehen, wie er wirklich ist, und das heißt: wie Gott ihn gemeint hat.

Diese Brille hier, die kann ich einfach aufsetzen. Das, wofür sie steht, das kann ich nicht aufsetzen, denn das wäre dann aufgesetzt. Diese Liebe, diese Augen der Liebe, das ist etwas, das ich mir schenken lassen muss. Schenken lassen muss von Gott. Vom Erfinder der Liebe, vom Konstrukteur des Herzens.

Diese Augen der Liebe will Gott euch schenken, und er hat sie euch schon geschenkt. Denn das, was so schwer erscheint, diese Liebe, die Paulus beschreibt – langmütig, freundlich, nicht nachtragend –, das hat Gott längst getan. Jesus, Jesus hat die Menschen so geliebt, wie es euer Trauspruch sagt: ohne Bitterkeit, nie nachtragend, selbstlos, alles ertragend. Sogar das Kreuz. Und so ist das Kreuz das größte Symbol der Liebe, größer noch als das Herz.

Liebe Lisa, lieber Marcel, lasst euch diese Liebe schenken, immer wieder! Nehmt diese Brille – ich hoffe, sie passt euch –, legt sie irgendwo griffbereit hin, und wenn es einmal schwierig werden sollte, dann setzt einfach die Brille auf – allein der Lacheffekt wird euch gut tun. Denkt aber vor allem an den, der euch im übertragenen Sinn solche „Augen der Liebe“ schenken kann. Und will.

# 9. Schokoladenkekse

## *Den andern tragen*

**Text:** Einer trage des anderen Last, so werdet ihr das Gesetz Christi erfüllen. (Gal 6,2)

**Gegenstand/Geschenk:** Die Idee mit den Schokoladenkeksen kam mir im Supermarkt, und zwar, bevor ich das Paar kannte. Das Produkt „Süße Last“ gibt es nicht mehr, es wurde ersetzt durch die „Süße Lust“. Man kann aber auch einen beliebigen Schokoladenkeks nehmen – Hauptsache, er hat eine Schokoladenseite. Die Sache mit der Süßen Last und Lust lässt sich auch einfach erzählen. Ein Gespräch mit den Brautleuten über ihre Schokoladen- und Nicht-Schokoladenseiten sollte vorausgehen. Wenn man sich etwas besser kennt, kann dies auch als eine Art Spiel gestaltet werden: Die beiden schreiben unabhängig voneinander Negatives und Positives von sich selbst und vom anderen auf und vergleichen dann – Überraschungen sind da nicht auszuschließen.

**Ansprache:**

*Liebe Nicole, lieber Andreas, liebe Gäste!*

Menschen sind wie Schokoladenkekse. Sie haben Schokoladenseiten und Nicht-Schokoladenseiten. Hier habe ich einmal eine Packung mitgebracht; ihr sollt sie nachher bekommen.

Bei unserem Gespräch habe ich euch gefragt nach euren Schokoladenseiten. Und nach euren Nicht-Schokoladenseiten. Des jeweils anderen natürlich. Das ist schon interessant, was dabei herauskommt: „Sie unterstützt mich. Und zwar in allem, was ich vorhabe", hast du gesagt, Andreas, als ich dich nach Nicoles Schokoladenseiten gefragt habe. „Sie ist ehrlich und spontan, kümmert sich um vieles. Mit ihr ist gut lachen, und Pferde stehlen kann man mit ihr auch." Soweit Nicoles Schokoladenseiten – jedenfalls die, die dir spontan eingefallen sind.

„Er ist immer da, wenn ich ihn brauche", lautete deine Antwort, Nicole, auf meine Schokoladenseiten-Frage. „Er ist zuverlässig und ehrlich. Wenn er sich etwas vorgenommen hat, dann zieht er das auch durch; ich bewundere seine Ausdauer."

Und jetzt zu den Nicht-Schokoladenseiten. Also, der Andreas … Nein, eure Antworten auf diese Frage, die behalte ich jetzt lieber für mich, auch wenn ich hier einige interessierte Gesichter sehe. Aber ihr kennt die beiden ja sowieso …

Ins Auge gefallen ist mir diese Kekspackung auf dem Regal übrigens wegen ihres Namens, und der ist wirklich ein bisschen ungewöhnlich: „Süße Last" steht da drauf. Wie die Kekshersteller gerade darauf gekommen sind, ist mir schleierhaft; vielleicht haben sie daran gedacht, dass der Verzehr der Kekse beim nächsten Wiegen zu Buche schlägt, was aber durch die Leckerheit derselben wieder mehr als aufgewogen wird … Ich weiß es nicht.

Mich jedenfalls hat dieser Name „Süße Last" an ein Bibelwort erinnert: „Einer trage des anderen Last, so werdet ihr das Gesetz Christi erfüllen", sagt Paulus. „Einer trage des anderen Last …" Ich verstehe das so: Die „Last", das sind die Nicht-Schokoladenseiten des anderen. Das sind die negativen Seiten, die jeder hat, die Schattenseiten, wie wir sie oft auch nennen: Mangelnde Ordnungsliebe oder Vergesslichkeit gehören da noch zu den harmloseren Dingen. Manchmal sind es Charakterzüge, die wir von unseren Eltern geerbt oder übernommen haben, vielleicht der Hang zu Depressionen; oder es ist Rechthaberei und Streitsucht, ein unbeherrschtes Temperament.

Ihr merkt schon: Das sind jetzt zufällige Beispiele, die mit den beiden nichts zu tun haben. Es sind Dinge, die manchmal erst nach Jahren deutlich zu Tage treten. Es sind „Lasten", an denen man selbst trägt und die man auch dem anderen zu tragen gibt. Denn das versprecht ihr ja heute: dass ihr den anderen „lieben und ehren wollt, in guten wie in schlechten Tagen". Den anderen „lieben und ehren" – das heißt dann auch: den anderen ertragen, seine Schattenseiten, seine Nicht-Schokoladenseiten nicht nur in Kauf nehmen, sondern auch sie lieben. Weil ich den anderen liebe, ihn ganz liebe, so wie er ist.

Weil ich den anderen aber liebe, deswegen ist diese Last meistens eine „süße Last", eine Last, die ich gerne trage. – „Weil ich den anderen liebe", habe ich gerade gesagt. „Liebe", ein schillerndes Wort, vieldeutig, missverständlich, oft missbraucht – und doch wunderbar. Wunderbar, weil wir trotz aller Verkehrungen, die es auch gibt, wissen oder zumindest noch ahnen, wie sie einmal gemeint war, die Liebe: nämlich als Gott sie erfand. Die Liebe ist Gottes schönste Erfindung, sein wunderbarstes Geschenk an uns Menschen. Die romantische Liebe, die Schmetterlinge im Bauch, das gehört dazu, und das ist bei euch hoffentlich auch nach über sieben Jahren Freundschaft nicht verloren. Aber Liebe ist mehr als das, und das wisst ihr, das habt ihr erfahren, und darum seid ihr heute hier. Eure Liebe hat schon viel aushalten müssen – und ist daran gewachsen: Wochenend-Beziehung über Jahre; und dann die lange Trennung während deines Einsatzes. Das hat euch nicht auseinander gebracht, sondern näher zusammen. Das ist Liebe.

Der Bibeltext, den ihr euch ausgesucht habt, spricht von dieser Liebe, wie Gott sie ursprünglich gemeint hat. Wir haben vorhin als Lesung einen Abschnitt aus dem 1. Korintherbrief gehört, Kap. 13:

„Die Liebe ist langmütig und freundlich, die Liebe eifert nicht, die Liebe treibt nicht Mutwillen, sie bläht sich nicht auf, sie verhält sich nicht ungehörig, sie sucht nicht das Ihre, sie lässt sich nicht erbittern, sie rechnet das Böse nicht zu, sie freut sich nicht über die Ungerechtigkeit, sie freut sich aber an der Wahrheit, sie erträgt alles, sie glaubt alles, sie hofft alles, sie duldet alles."

Was ist das für eine Liebe! Geduldig, freundlich, nicht eifersüchtig, nicht egoistisch, nicht nachtragend, nicht kleinzukriegen – eine Liebe, die „alles erträgt“, wie es hier heißt, auch alle Nicht-Schokoladenseiten. So hat Gott die Liebe gemeint, als er sie erfand. Das ist das Maß für alle menschliche Liebe; so hoch liegt die Latte! Das schaffe ich nie! denken wir – und haben vollkommen Recht. Das schaffen wir auch nicht.

Müssen wir auch nicht; denn so zu lieben, das ist schier übermenschlich. Nur einer hat so geliebt: Jesus. Wenn wir uns sein Leben anschauen, dann sehen wir: Jesus hat so gelebt, Jesus hat so geliebt. Alles hat er ertragen: so viel Unzulänglichkeit der Menschen, so viel Bosheit. Bis zum Schluss. Bis ans Kreuz. Auch das hat er getragen, ertragen. Für uns. Darin wird seine Liebe sichtbar. – Wir sollten sehen, dass wir Anschluss gewinnen an diesen Jesus. Dass wir uns anstecken lassen von seiner Liebe. Dann werden wir auch noch in zehn oder zwanzig Jahren die Nicht-Schokoladenseiten des anderen liebend gern ertragen. Wenn die Schmetterlinge längst weggeflogen sind. Wenn der Lack ab ist. Die Liebe bleibt, wenn wir uns an ihn halten. Wenn wir sie von Jesus erbitten. Jeden Tag neu.

Nachtrag (nach der Einsegnung): Vielleicht habt ihr euch gefragt, warum ich euch diese popeligen Schokoladenkekse schenke und nicht diese Packung „Süße Last“? Ganz einfach: weil die leer ist. Ich hatte sie letztes Jahr gekauft, weil ich diese Idee mit den Schokoladenkeksen hatte; und dann war das Verfallsdatum näher gerückt, und wir haben den Inhalt vertilgt. Letzte Woche komme ich in den Supermarkt und will eine neue Packung holen – „Haben wir nicht, gibt’s nicht“, hieß es da. Also ich ins Internet, BAHLSEN.COM und habe denen eine Kunden-Anfrage geschickt: Ob es dieses Produkt nur saisonal bedingt nicht mehr gibt oder ob es generell vom Markt genommen sei? Hier die Antwort:

*Sehr geehrter Herr Brosch,*
vielen Dank für Ihre Anfrage und Ihr Interesse an unserem Produkt „Süße Last“. Eine wirklich originelle Idee von Ihnen, dies Produkt als Basis für eine Traupredigt zu verwenden.

Ich muss leider zugeben, dass es die „Süße Last“ wirklich nicht mehr gibt – jedenfalls nicht mehr in der alten Form. Dafür gibt es die „Süße Lust“! Wir haben Anfang des Jahres einen Design- und Produkt-Relaunch gemacht, d.h. eine ansprechendere Packung gestaltet und die Qualität der Gebäcke verbessert. Die Namensänderung wurde aus folgendem Grund vorgenommen:

Früher hieß das Produkt „Süße Last“, weil eine Kutsche abgebildet war, die diese transportiert hat. Im Laufe der Zeit wurde die Kutsche auf der Packung immer kleiner, sodass der Verbraucher bei dem Namen „Last“ negative Assoziationen hatte. (Das war das Ergebnis von Marktforschungstests.) Daher benannten wir im Zuge der Optimierung die „Last“ in „Lust“ um.

Falls Sie also an der Idee der Predigt festhalten möchten – fragen Sie nach der „Süßen Lust“; bestimmt fällt Ihnen auch zum Thema „Lust“ etwas ein ... oder zu beidem?

Wenn Sie möchten, mailen Sie mir an o.g. E-Mail-Adresse Ihre Anschrift, und die „Süße Lust“ wird Ihnen ins (Pfarr-)Haus geschickt!

*Mit freundlichen Grüßen usw.*

Das hier also ist die „Süße Lust“, und ich finde es schon bezeichnend, dass hier aus der „Last“ eine „Lust“ geworden ist – das passt zum Zeitgeist.

Leider ist auch das noch nicht das Ende der Geschichte: Als ich heute Morgen in die Kirche komme, sehe ich diese Packung „Süße Lust“ auf dem Altar – angeknabbert. Die Kirche war gestern Nachmittag offen wegen der Blumen, die gebracht werden sollten, und irgendjemand muss einen nicht zu bändigenden Heißhunger auf Schokoladenkekse gehabt haben. Kurzum: Sie sind weg, und deshalb bekommt ihr fürs Erste diese Schokoladenkekse. Ich will sehen, dass ich noch eine Packung „Süße Lust“ besorge; ich werde sie euch dann zukommen lassen.

# 10. Topfblume

## *Liebe, die wächst*

**Text:** Lasst uns wachsen in allen Stücken zu dem hin, der unser Haupt ist: Christus. (Eph 4,15)

**Gegenstand/Geschenk:** Das Warten hat sich gelohnt: Endlich eine Braut, die Floristin ist! Die Geschichte mit der Topfpflanze hatte ich schon länger in einem Buch entdeckt, jetzt konnte ich sie anbringen. Es genügt aber auch, wenn die beiden gerne gärtnern, einen grünen Daumen haben oder auch nur Blumen mögen. Im Zweifelsfall nimmt man Bezug auf den Brautstrauß … Als Topfpflanze eignet sich alles, was am Anfang klein ist, aber schon blüht, und was einigermaßen groß zu werden verspricht.

**Ansprache:**

*Liebe Sabrina, lieber Andreas, liebe Gäste!*

Du bist die erste Floristin, die zu mir zum Heiraten kommt, Sabrina. Deswegen bis du die Erste (und Einzige), die bei ihrer Hochzeit folgende Geschichte zu hören bekommt, eine Geschichte ganz speziell für Floristinnen – auch wenn sie wörtlich genommen das Ende aller Blumengeschäfte bedeuten würde:

In einem Land lebte einst ein schönes und kluges Mädchen. Viele angesehene Männer warben um seine Liebe, doch keiner konnte sein Herz gewinnen. Eines Tages kamen wieder einmal drei junge Männer, um dem Mädchen ihre Zuneigung zu gestehen. Das Mädchen empfing sie höflich, bat sie zu Tisch und fragte sie nach diesem und jenem. Nach einem langen Gespräch sagte sie: „Ich sehe, ihr meint es ehrlich, und ihr seid alle drei liebenswert. Lasst mich eine Aufgabe stellen, an der ich eure Liebe erkennen kann. Ich mag Blumen über die Maßen. Bringt mir jeder die Blumen, die seine Liebe und Treue beschreiben."

„Das wird nicht schwer sein", sagte der eine. „Ich will dir die schönste Blume bringen, die es auf der Welt gibt." – „Und ich werde dir nicht nur den schönsten, sondern auch den größten Strauß beschaffen, den du je gesehen hast", versprach der Zweite. „Denn meine Liebe ist groß." – Nur der Dritte schwieg.

Nach einigen Tagen trafen sie sich wieder im Hause des Mädchens. Der eine hatte einen wunderschönen bunten Strauß, wie ihn selbst das Mädchen noch nie gesehen hatte (und das Mädchen hatte wahrlich schon viele Sträuße gesehen in seinem Leben). – Der andere brachte drei Wagenladungen herrlicher Blumen, sodass es im ganzen Haus betörend duftete. – Nur der Dritte hielt ein einziges Veilchen in seinen Händen.

„Ich sehe, deine Liebe ist prächtig; aber sie wird schnell vergehen", sprach das Mädchen zu dem Ersten. – „Deine Liebe ist überwältigend. Doch auch sie verblüht nach wenigen Tagen", wandte sie sich an den zweiten Mann.

„Und sag: Was soll deine Blume?", fragte sie den Dritten? – „Meine Liebe ist für andere unscheinbar wie ein Veilchen am Rande des Weges, teures Mädchen", verneigte sich der Angesprochene. „Aber sieh, ich habe es mit den Wurzeln ausgegraben, sodass es wachsen und gedeihen kann. Es wird nicht welken, sondern beständig in deinem Garten blühen und sich vermehren."

Das Mädchen lächelte, reichte dem jungen Mann die Hand und sagte: „Nur Liebe, die beständig ist und wachsen kann, erfüllt das Leben." *(zitiert nach: Axel Kühner, Hoffen wir das Beste, Ermutigungen für jeden Tag, S. 128f.)*

„Nur Liebe, die beständig ist und wachsen kann, erfüllt das Leben." – Ich denke, ihr werdet diesem Satz zustimmen. Und eure gemeinsame Geschichte ist so eine Geschichte einer wachsenden Liebe: Vor drei Jahren fing alles an: in Zweibrücken im „Lehrer Lämpel", wo du bedient hast, Sabrina. Du, Andreas, rufst schließlich an, ihr macht etwas aus und geht fort. Doch das erweist sich zunächst als Rückschlag, denn du, Sabrina, bist ein bisschen frustriert, weil der Andreas auf dem Kienholzfest so viele hübsche Mädchen kennt. Doch auch an solchen Missverständnissen wachst ihr, wächst eure Liebe. Und auch daran, dass anfangs nicht jeder eure Beziehung gutheißen mag. Und so ist es schließlich so weit: Der Andreas macht der Sabrina einen klassischen Heiratsantrag. Kuss, Schnitt, aus.

Nein. Da, wo früher die Liebesfilme aufgehört haben, beim Heiratsantrag oder vorm Traualtar, da fängt das Leben erst richtig an, das wisst ihr. „Nur Liebe, die beständig ist und wachsen kann, erfüllt das Leben." – Das ist ein sehr nüchterner Satz, sehr realistisch, ohne rosarote Brille und ohne geigengefüllten Himmel. Genauso nüchtern kommt auch der Trautext daher, den ihr euch ausgesucht habt, ein Wort vom Wachsen:

„Lasst uns wachsen in allen Stücken zu dem hin, der unser Haupt ist: Christus."

Wie kann Liebe, wie kann eure Liebe wachsen? – Zunächst einmal, indem ihr beiden euch immer besser kennen lernt. Ich habe euch bei unserem Gespräch ja gefragt: Was schätzt ihr am anderen? – „Er saugt gut Staub", hast du geantwortet, Sabrina. „Außerdem kocht er gerne, er hört gut zu, er gibt oft nach und ist überhaupt friedliebend." – „Sie erzählt ziemlich viel", hast du geantwortet, Andreas. „Und sie ist meist gut gelaunt. Sie macht alles hundertprozentig."

Ihr kennt einander gut, und ihr schätzt und achtet einander. Das ist gut so. Das ist Liebe. Offen zu sein für den anderen, auch um Neues beim anderen zu entdecken und sich darauf einzulassen. Bereit sein zur Versöhnung, Schritte zur Versöhnung gehen, den Frieden suchen – all das gehört dazu zur Liebe. Gemeinsam wachsen, sich die Liebe etwas kosten lassen, auch noch in zehn oder zwanzig Jahren. Wenn die riesigen, wunderschönen Sträuße, wenn die Wagenladungen mit Blumen längst verwelkt sind. So wie diese kleine Pflanze wächst, wenn ihr sie gut pflegt, sie gießt, aber nicht zu sehr, wenn ihr die kleinen Schädlinge rechtzeitig sucht und bekämpft – so kann auch eure Liebe wachsen, wenn ihr etwas dafür tut, wenn ihr das bekämpft, was ihr schadet.

Dann werdet ihr wachsen – ja wohin eigentlich? „Zu dem, der das Haupt ist: Christus." Denn Christus ist die Liebe. Er ist die Erfüllung der Liebe, die wir Menschen nie vollkommen erfüllen können. Wir bleiben einander immer Liebe schuldig. Doch in Jesus vergibt Gott uns gern. Er will uns Liebe schenken. Wir können die Pflanze pflegen und hegen; wachsen lassen kann sie alleine Gott. Und darum wollen wir ihn bitten.

# 11. Taschenrechner

## *Mit Gott rechnen*

**Text:** Ihr Lieben, lasst uns einander lieb haben; denn die Liebe ist von Gott, und wer liebt, der ist von Gott geboren und kennt Gott. Wer nicht liebt, der kennt Gott nicht; denn Gott ist die Liebe. (1. Joh 4,7-8)

**Gegenstand/Geschenk:** Der Bräutigam hatte einen kaufmännischen Beruf, da bot sich die Sache mit dem „Rechnen" an. Vielleicht will das Paar aber auch in absehbarer Zeit bauen oder ein neues Auto kaufen und muss deswegen rechnen. Oder einer der beiden war in Mathematik ein Ass. – Die Anwendungs-Möglichkeiten dieser Ansprache sind vielfältig.

Ein Taschenrechner als Hochzeitsgeschenk wird nur ausnahmsweise Sinn machen. Nicht sonderlich originell, aber doch meist willkommen ist ein Geldgeschenk, vielleicht liebevoll arrangiert als Rechnung: In einem rahmenlosen Bildhalter sind Geldscheine (oder Münzen) mit Plus- und Minuszeichen so zusammengestellt, dass das richtige Ergebnis am Ende steht.

Freunde des Paares hatten für den Gottesdienst einen Sketch vorbereitet, der den Alltag und die Eigenheiten der beiden auf humorvolle Weise präsentierte; darauf konnte ich Bezug nehmen, auch bei der Rechnung am Schluss. Hier lassen sich aber auch beliebige Gewohnheiten, Ereignisse oder Eigenschaften einsetzen, die mit dem Paar zusammenhängen.

**Ansprache:**

*Liebe Elke, lieber Andreas, liebe Gäste!*

„Liebe" – ich kenne keinen Abschnitt in der Bibel, in dem das Wort „Liebe" so oft vorkommt wie im 4. Kapitel des 1. Joh: 29-mal „Liebe" in 15 Versen. Das ist Rekord. Und aus diesem Kapitel habt ihr beiden euren Trauspruch ausgesucht:

„Ihr Lieben, lasst uns einander lieb haben, denn die Liebe ist von Gott, und wer liebt, der ist von Gott geboren und kennt Gott. Wer nicht liebt, der kennt Gott nicht; denn Gott ist die Liebe."

Der gute Johannes in der Bibel ist ja ein kleiner Philosoph, und diese Sätze aus dem 1. Johannesbrief klingen irgendwie schön und richtig – aber doch auch ziemlich theoretisch. Wie gut, dass ihr uns das mal ganz handfest und konkret gezeigt habt, was Liebe ist: Er wäscht ihr das Auto, sie sorgt für seinen Nachtisch, er repariert ihr Fahrrad, sie gönnt ihm den Entspannungs-Sessel ... Das muss wohl Liebe sein. Und es passt ganz genau zu dem, was ihr beiden gesagt habt über die Liebe: „Ab- und zugeben, zurückstecken um des anderen willen, für den anderen da sein, Freundschaft, das Leben teilen ..." Das muss wohl Liebe sein ...

Eines wird bei all dem deutlich: Liebe ist zugleich Gabe und Aufgabe. Johannes fängt in eurem Trauspruch mit der Aufgabe an: „Habt einander lieb!", sagt er. Das ist eine klare Aufforderung, etwas zu tun. Liebe ist zuweilen mit Arbeit verbunden. Ich muss lieben wollen. Ich kann nicht immer auf romantische Gefühle warten, ich muss handeln. „Habt einander lieb!" – Liebe als Aufgabe.

Das klingt nun aber ziemlich anstrengend. Und Gott sei Dank ist das nicht alles: Liebe ist nicht nur Aufgabe, Liebe ist auch und in erster Linie Gabe. „Die Liebe ist von Gott", sagt der 1. Joh. Die Liebe ist Gottes Erfindung (eine seiner besten, wie ich finde), die Liebe ist Gottes Geschenk an uns Menschen. Die Liebe ist Gottes Geschenk an euch beide: Dass ihr euch kennen gelernt habt, ist Gottes Geschenk an euch; dass ihr Gefallen gefunden habt am anderen und euch verliebt habt, ist Gottes Geschenk; dass ihr nach einigen Jahren immer noch ein Paar seid und euch immer besser versteht, dass eure Liebe gewachsen ist – das ist Gottes Geschenk an euch. „Die Liebe ist von Gott."

Die Liebe, von der der 1. Joh hier spricht, ist aber noch mehr als Verliebtsein und Schmetterlinge im Bauch. So wie die Liebe von Gott ist (genau übersetzt heißt es hier: „aus Gott"), so ist auch der Liebende aus Gott, nämlich: aus Gott geboren. Auf Deutsch: Wer liebt, ist Gottes Kind. Und umgekehrt: Wer Gottes Kind ist, kann lieben. – Das macht mich froh und zuversichtlich, dass ich weiß: Ihr beiden kennt Gott, ihr seid Gottes Kinder, und ihr wisst es und freut euch darüber. – Liebe als Gabe und Aufgabe: „Ihr Lieben, lasst uns einander lieb haben, denn die Liebe ist von Gott, und wer liebt, der ist von Gott geboren und kennt Gott."

Ganz am Anfang habe ich gesagt: Der Abschnitt, aus dem euer Trauspruch stammt, enthält von allen Bibeltexten das Wort „Liebe" bzw. „lieben" am öftesten. Wahrscheinlich haben ein paar Leute hier kurz gedacht: Moment mal, und was ist mit 1. Kor 13? Da ist doch auch alle Naslang die Rede von der Liebe: langmütig und freundlich, eifert nicht usw. – Ich hab nachgezählt: 19-mal kommt hier die Liebe vor und das in 13 Versen. Immerhin. – Ich möchte nun einen Satz aus diesem so genannten „Hohenlied der Liebe" herausgreifen und zu eurem Trauspruch dazunehmen. Und das hat mit deinem Beruf zu tun, Andreas.

Wenn ich das richtig aufgeschrieben habe, dann bist du Datenverarbeitungs-Kaufmann. Als Kaufmann musst du rechnen können, und als EDV-Fachmann lässt du rechnen. Rechnen und rechnen lassen ist sozusagen dein Beruf. – Nun heißt es hier in 1. Kor 13,5: „Die Liebe rechnet das Böse nicht zu."

„Die Liebe rechnet das Böse nicht zu." – Du als Kaufmann musst rechnen, und die Liebe darf gerade nicht rechnen. Zunächst einmal: Sie rechnet das Böse nicht zu, d.h.: Wer liebt, der ist nicht nachtragend. Wenn es also vorkommen sollte, dass die Elke mal ausnahmsweise nicht zurücksteckt um deinetwillen, Andreas, dann vergisst du das ganz schnell wieder. „Die Liebe rechnet das Böse nicht zu."

Die Liebe rechnet aber auch sonst nicht, die Liebe ist nie berechnend. Wer liebt, rechnet nie auf Gegenliebe; er liebt aus Liebe und nicht, weil er etwa erwartet, dass etwas zurückkommt. Wer liebt, der rechnet den anderen nie aus. Der ist nie fertig mit dem anderen, der ist immer offen, etwas anderes, etwas Neues zu entdecken am Partner. – Die Liebe rechnet nicht.

Das Einzige, womit die Liebe mit Fug und Recht rechnet, das ist Gott. Andreas und Elke: Rechnet mit Gott! Rechnet damit, dass er euch auch weiterhin Liebe schenkt – gerade dann, wenn es schwer ist, den anderen zu lieben. Rechnet damit, dass Gott zuverlässig und treu ist und dass er euch damit anstecken möchte: Eure eigene Treue gründet auf der Treue Gottes zu euch. Macht die Rechnung nie ohne den Wirt – denn Gott ist der Gastgeber des Lebens und der Erfinder der Liebe.

So, zum Schluss möchte ich euch nun doch noch eine besondere Rechnung präsentieren.

Was kommt heraus, wenn ...

... Thomas 24-mal das Fahrrad der Elke ohne Beanstandungen überprüft (jeweils 13,–) und es darüber hinaus 25-mal repariert (je 40,–)

... Elke den Andreas auf 17 umfangreichen Lehrgängen unterstützt (je 1.500,–)

... Thomas 101-mal für ihre Mutter einkauft (je 5,–)

... Elke 80 Stunden Computer-Diskussionen des Andreas verfolgt (je 50,–)

... Thomas 350 Abende mit ihr Gesellschaftsspiele macht (je 20,–)

Antwort: 38317 bzw. „LIEBE“ (wenn ich den Taschenrechner auf den Kopf stelle).

# 12. Doppel-T-Träger

*Was trägt*

**Text:** Wenn ich mit Menschen- und mit Engelzungen redete und hätte die Liebe nicht, so wäre ich ein tönendes Erz oder eine klingende Schelle. Und wenn ich prophetisch reden könnte und wüsste alle Geheimnisse und alle Erkenntnis und hätte allen Glauben, sodass ich Berge versetzen könnte, und hätte die Liebe nicht, so wäre ich nichts. Und wenn ich alle meine Habe den Armen gäbe und ließe meinen Leib verbrennen, und hätte die Liebe nicht, so wäre mir's nichts nütze. (1. Kor 13,1-3)

**Gegenstand/Geschenk:** Die Brautleute kennen sich von Kindesbeinen an, sind seit gut drei Jahren ein Paar. Beide hatten sich viele Gedanken gemacht über das Wesen der Liebe und über sich selbst. Er ist Architekt, daher die Idee mit dem Doppel-T-Träger. Es genügt aber auch, wenn einer der Berufe der beiden etwas mit dem Bau zu tun hat oder wenn die beiden in absehbarer Zeit bauen wollen. Ein etwa 10-15 cm langes Stück vom Doppel-T-Träger kann man sich beim Metallbauer besorgen, vielleicht auch nur eine dünne Scheibe. Letzteres kann als Briefbeschwerer noch lange gute Dienste leisten, vielleicht verziert mit dem Namen der beiden und dem Trauspruch.

**Ansprache:**

*Liebe Anette, lieber Henning, liebe Gäste!*

Euch verbindet eine lange Freundschaft: Seit der ersten Klasse kennt ihr euch. Und es hat eine ganze Weile gedauert, bis ihr gemerkt habt: Das ist mehr als Freundschaft, das muss Liebe sein. Das habt ihr spätestens gemerkt in dem einen Jahr, als du, Henning, in Glasgow warst. Da wurde auch klar: Die Liebe hält, die Liebe trägt.

Stichwort: tragen. Ich habe heute etwas mitgebracht, das du, Henning, aus deiner Berufspraxis als Architekt gut kennst: einen Doppel-T-Träger, jedenfalls ein Stück davon. Wenn ein Haus stabil sein soll, dann müssen Träger rein – wie viele und wie dicke, das rechnet der Statiker aus oder eben der Architekt.

Was für ein Haus aus Stein gilt, das gilt auch für unser Lebenshaus. Ihr beiden baut schon eine Weile an eurem Lebenshaus, zunächst einmal jeder an seinem eigenen und seit drei Jahren beide zusammen an eurem gemeinsamen. Die Frage also auch hier: Was trägt? Was sind die Träger dieses gemeinsamen Lebenshauses? – In eurem Trauspruch kommen ein paar vor:

„Wenn ich mit Menschen- und mit Engelzungen redete und hätte die Liebe nicht, so wäre ich ein tönendes Erz oder eine klingende Schelle. Und wenn ich prophetisch reden könnte und wüsste alle Geheimnisse und alle Erkenntnis und hätte allen Glauben, sodass ich Berge versetzen könnte, und hätte die Liebe nicht, so wäre ich nichts. Und wenn ich alle meine Habe den Armen gäbe und ließe meinen Leib verbrennen und hätte die Liebe nicht, so wäre mir's nichts nütze."

„Menschen- und Engelszungen" werden genannt. Also: freundlich reden können, diplomatisch sein, das richtige Wort finden und den richtigen Ton treffen – das ist wichtig in einer Ehe.

„Prophetisch reden" ist das Nächste. Wir würden heute sagen: Menschenkenntnis und Einfühlungsvermögen; erkennen, wo dem anderen der Schuh drückt, und ihm im Zweifelsfall auf den Kopf zusagen, wo das Problem liegt – auch das ist wichtig in einer Ehe.

„Glauben, der Berge versetzt" ist das Dritte. Also: Gott vertrauen, dem anderen vertrauen, an eure Beziehung glauben – unverzichtbar in jeder Ehe, die halten soll.

Und schließlich: „meine Habe den Armen geben". Übertragen

etwa: Selbstlosigkeit bis zur Selbstaufgabe – das scheint ja nun wirklich der Schlüssel zu sein für eine gute Ehe, zumindest, wenn beide Partner so selbstlos sind.

Paulus aber, Paulus lässt nichts davon stehen. Alles schön und gut, sagt er, aber letztlich taugt es nichts: „... und hätte die Liebe nicht, so wär's mir nichts nütze." Freundliche Rede, Einfühlungsvermögen, Glauben, Selbstlosigkeit: das alles taugt nichts, wenn es ohne Liebe geschieht. Die Liebe ist das Einzige, was als Träger taugt.

Wir hören jetzt einen kleinen Text, der zeigt uns, wohin viele an sich gute Dinge führen, wenn sie ohne Liebe geschehen.

Pflicht ohne Liebe macht verdrießlich.
Verantwortung ohne Liebe macht rücksichtslos.
Gerechtigkeit ohne Liebe macht hart.
Klugheit ohne Liebe macht gerissen.
Freundlichkeit ohne Liebe macht heuchlerisch.
Ordnung ohne Liebe macht kleinlich.
Besitz ohne Liebe macht geizig.
Glaube ohne Liebe macht fanatisch:
Ein Leben ohne Liebe ist sinnlos.
(nach Laotse)

Von außen sieht man das oft nicht: ob etwas aus Liebe geschieht oder nicht. Genauso wenig wie man diesen Träger sieht, wenn er ins Haus eingebaut ist – da sieht man nur den Putz oder die Tapete. Das, was am Ende hält, das sieht man nicht von außen. Wenn zwei das Gleiche tun, ist das noch lange nicht dasselbe. Ob ich freundlich bin aus Liebe oder aus Berechnung oder weil ich auf Gegenliebe hoffe – das sieht der andere nicht. Aber auf meine innere Motivation kommt es an. Verliebtsein ist für den Anfang eine sehr wirkungsvolle Motivation; man beobachte nur mal einen Jugendlichen, der bisher auf äußere Erscheinung und Auftreten keinen besonderen Wert gelegt hat, wenn er frisch verliebt ist.

Hier aber ist die Rede von Liebe und nicht von Verliebtheit. Die Liebe soll die Motivation meines Handelns sein, die Liebe soll der Motor sein. Denn allein die Liebe trägt.

Das Dumme mit der Motivation ist nur: Ich kann sie so schwer beeinflussen. Ob ich dies oder jenes tue, ob ich meiner Frau in den Mantel helfe oder wie ein Stoffel danebenstehe, darauf habe ich sehr wohl Einfluss. Aber auf meine Beweggründe, da habe ich herzlich wenig Einfluss. Liebe ist zwar oft auch Tat, aber sie ist auch Wille, sie ist innere Einstellung – und die kann ich nicht „machen". Die muss ich mir oft schenken lassen.

Ja: Liebe ist ein Geschenk. Paulus reiht im vorangehenden Kapitel die Liebe ein unter die Geistesgaben, die Gaben des Heiligen Geistes, die Gott uns Christen schenkt – dem einen so, dem anderen anders. Paulus nennt da an Geistesgaben: die prophetische Rede, Zungenrede (das sind die „Engelszungen"), Heilung. Das größte Geschenk jedoch, sagt er – und das gilt nun für alle Christen –, das größte Geschenk ist die Liebe. Dass ihr beiden euch gefunden habt, dass in langen Jahren eure Freundschaft wachsen konnte, das ist Geschenk; dass ihr schon länger zusammenlebt und euch immer noch vertragt und dass eure Liebe gewachsen ist – das ist Geschenk.

So ist das: Die wirklich wichtigen Dinge im Leben bekommt man geschenkt, die kann man sich nicht erarbeiten und schon gar nicht verdienen. Die Liebe gehört dazu.

Also: Dankt Gott für diese Liebe. Bittet Gott immer wieder um diese Liebe; denn die Liebe kommt von Gott. Bittet, dass die Liebe Richtschnur und Motivation eures Handelns ist und bleibt. Dann seht ihr: Die Liebe trägt. Sie trägt euch beide, sie trägt euer gemeinsames Lebenshaus. Und dann kann gar nichts falsch sein an freundlicher Rede, Einfühlungsvermögen, Glauben oder Selbstlosigkeit.

# 13. „JA“
## Mit Gottes Hilfe

**Text:** Werft euer Vertrauen nicht weg, denn es findet großen Lohn. (Heb 10,35)

**Gegenstand/Geschenk:** Die Anregung zu dieser Ansprache kam von Tiki Küstenmacher: In einem seiner Cartoons sieht man ein großes, aber flaches JA, wie eine Fassade, von hinten jedoch abgestützt durch zwei massive Balken, auf denen die Worte „mit Gottes Hilfe“ geschrieben sind. Ich habe das dann als dreidimensionales Modell aus Karton nachgebaut, in den Gottesdienst mitgebracht und dem Paar geschenkt. Die Formel „Ja, mit Gottes Hilfe“ lasse ich als Antwort auf die Traufrage immer sprechen; ein schlichtes Ja erscheint mir zu prosaisch und auch unrealistisch. Das Paar wünschte sich als Lesung einen Abschnitt aus dem Kleinen Prinzen, die Stelle, wo der Fuchs und der Kleine Prinz sich begegnen. Aus dem Buch gescannt und ausgedruckt, fanden auch Fuchs und Prinz noch Platz auf dem Karton, auf den das JA geklebt war. Als Geschenk eignet sich aber auch eine schöne Ausgabe des Buches „Der Kleine Prinz“. (Karl Rauch Verlag, 1998, gebunden, EUR 9,90; oder: Jubiläums-Ausgabe, EUR 24,90)

**Ansprache:**

*Liebe Tina, lieber Klaus, liebe Gäste!*

Es hat bei unserem Gespräch vor drei Wochen gar nicht lang gedauert, da hatten wir das entscheidende Stichwort gefunden für diesen Tag heute, für eure Beziehung überhaupt: „Vertrauen". Liebe ist in erster Linie Vertrauen, habt ihr gesagt. Die für mich schönste Beschreibung dessen, was Vertrauen ist und wie es wächst, haben wir gerade in Auszügen gehört: die Erzählung vom „Kleinen Prinzen".

Die Geschichte vom Kleinen Prinzen ist ein Märchen, ein modernes Märchen, ja ich würde fast sagen: auch ein christliches Märchen. Und wer es aufmerksam liest, der wird merken: Dieses Märchen hat viel zu tun mit uns und unserer Wirklichkeit.

1. Vertrauen wächst: Der Kleine Prinz will ja gleich ganz vertraulich auf den Fuchs zugehen, um mit ihm zu spielen. Aber der Fuchs hält erst einmal scheu Abstand. Und dann erklärt er dem Kleinen Prinzen, wie er diese Scheu überwinden und Vertrauen gewinnen kann: „Du musst vor allem Geduld haben. Ich setze mich abseits von dir ins Gras und schaue dich verstohlen an, aus den Augenwinkeln. Und ich werde nichts sagen. Die Sprache ist die Quelle der Missverständnisse. Und dann rücke ich jeden Tag ein Stück näher." Und so lernen sich die beiden näher kennen, und sie werden Freunde.

Vertrauen entsteht nicht von heute auf morgen, Vertrauen braucht Zeit und Geduld. Es ist nicht von Anfang an im gleichen Maße da. Es wächst. Man muss sich langsam kennen lernen und sozusagen beschnuppern. Und dann muss sich der richtige Abstand oder die richtige Nähe zwischen einem Paar langsam einpendeln. Da ist der Wunsch, einander nahe zu sein, und der Wunsch, auch wieder voneinander abzurücken, für sich zu sein. Beide Wünsche haben ihr Recht, denn jeder und jede braucht für sich auch Raum. Wie gesagt, das herauszufinden braucht Zeit, nicht nur beim Fuchs und beim Kleinen Prinzen. So ist es auch bei euch gewesen.

Ihr kennt euch ja seit etlichen Jahren, vier Jahre seid ihr nun ein Paar. Und zum Stichwort „Nähe" und „Abstand" könntet ihr auch einiges sagen: Drei Jahre pendeln – das ist auch eine Belastungsprobe für eure Beziehung gewesen. So seid ihr Stück für Stück einander näher gekommen, habt immer Neues und anderes aneinander entdeckt.

Und ihr habt auch noch Jahre der Entwicklung vor euch. Jahre, in denen ihr euch auch noch ändern und weiterhin Neues an euch entdecken werdet. Das Vertrauen, das ich bei euch beiden ganz stark gespürt habe, das kann auch noch wachsen. Das war das Erste.

2. Vertrauen bindet: Doch dann kommt der Tag des Abschieds für die beiden, denn der Kleine Prinz muss wieder zurück auf seinen Planeten. Beim Abschied vertraut der Fuchs ihm noch eine Sache an, die ihm während ihrer Begegnung besonders wichtig geworden war: „Merke dir", sagt er, „du bist zeitlebens verantwortlich für das, was du dir vertraut gemacht hast."

Wer Vertrauen gewonnen hat, der hat auch eine Verantwortung für den Menschen, der ihm vertraut. Verantwortung ist sozusagen die Kehrseite der Medaille „Vertrauen". Aber es ist keine negative Kehrseite, sondern eigentlich auch eine ganz wunderbare Sache. Das sagt der Fuchs nicht mit erhobenem Zeigefinger wie ein Moralprediger. Das sagt er auch nicht wie einen Merksatz, wie man ihn in der Schule lernt.

Und wie ich euch kennen gelernt habe, brauche ich euch das so eigentlich gar nicht zu sagen. Ich habe gesehen, da sind nicht zwei, die sagen: Ich liebe dich wie wahnsinnig (das tut ihr auch), sondern die sagen: Ich will dich lieben. Ich will dich lieben, egal was kommt. Denn ich habe mich entschieden: Du bist meine Rose, die für mich einzig ist auf der Welt. Und das soll auch so bleiben. Und damit kommen wir schon zu …

3. Und jetzt kommt Gott: Euren Trauspruch aus dem Hebräerbrief, den könnte man auch erst für einen moralischen Appell halten: „Werft euer Vertrauen nicht weg, denn es findet großen Lohn."

Aber ich glaube, das stimmt nicht. Er sagt nicht: Nun vertraut mal schön, und strengt euch bitteschön recht ordentlich dabei an! – Nein, dieser Vers stellt zunächst einmal fest, was da ist: Vertrauen. Er will euch ermutigen, an dem festzuhalten, was zwischen euch gewachsen ist. Er will euch Mut machen, eurer Beziehung zueinander etwas zuzutrauen. Deswegen heißt es hier: „Werft euer Vertrauen nicht weg, denn es findet großen Lohn." Vertrauen ist nichts Selbstverständliches. Dass Ehepartner in dieser Weise auch Freunde sind, das ist nicht selbstverständlich. Das ist ein großer Schatz, ein Kapital, das ihr beiden habt, dieses Vertrauen. Werft es nicht weg, lasst es nicht verkümmern. Denn: Dieses Vertrauen ist ein großes Geschenk. Ein Geschenk Gottes. Dass wir Menschen einander vertrauen können, dass wir fähig sind zur Liebe, das ist Gottes ureigenste Erfindung, sein Geschenk an uns.

Das ist im Grunde ein großartiges Kompliment, das uns Menschen gemacht ist, das aber euch, liebes Brautpaar, in besonderer Weise gilt: Gott traut euch eine ganze Menge zu. Er schenkt euch heute einen Vertrauensvorschuss. Er vertraut euch, dass ihr euch gegenseitig und ihn in seinem Vertrauen nicht enttäuscht. Er setzt sein Vertrauen in eure Liebe und in euer Verantwortungsbewusstsein.

Ihr habt euch einander anvertraut. Ihr habt euer gegenseitiges Vertrauen gewonnen. Ihr seid nun füreinander einzig auf dieser Welt. Ihr habt füreinander Verantwortung übernommen. Gott will euch heute zusichern, dass er euch dazu mit aller Kraft und Liebe segnet. Auf dem Programm ist das Modell dafür abgebildet, und ich habe es noch einmal mitgebracht: ein großes JA, euer JA zueinander; aber es steht nur, es hat nur Bestand, weil es abgestützt ist. „Mit Gottes Hilfe" steht da drauf. Das ist sein großes JA zu euch, zu jedem Einzelnen von euch, aber auch zu euch beiden als Paar.

Das soll das Fundament sein, dieses JA Gottes, auf dem eure Ehe steht und das euch trägt, sodass euch leicht wird, wozu euer Trauspruch euch ermutigt: „Werft euer Vertrauen nicht weg, denn es findet reichen Lohn." Vertrauen zueinander und Vertrauen zu Gott. Ihm könnt ihr vertrauen auf eurem gemeinsamen Lebensweg.

# 14. Stehaufmännchen

***Der richtige Schwerpunkt***

**Text:** Die Liebe ist langmütig und freundlich, die Liebe eifert nicht, die Liebe treibt nicht Mutwillen, sie bläht sich nicht auf, sie verhält sich nicht ungehörig, sie sucht nicht das Ihre, sie lässt sich nicht erbittern, sie rechnet das Böse nicht zu, sie freut sich nicht über die Ungerechtigkeit, sie freut sich aber an der Wahrheit, sie erträgt alles, sie glaubt alles, sie hofft alles, sie duldet alles. (1. Kor 13,4-7)

**Gegenstand/Geschenk:** Bei dem Paar – er Verkäufer in einem Sanitär-Geschäft und sie Erzieherin – war ein Kind unterwegs. Als Stehaufmännchen habe ich dann eine Wippe-Dippe-Tasse gekauft und den beiden geschenkt. Liebe als Wille und Tat einerseits und als großes Geschenk andererseits steht im Mittelpunkt der Ansprache. Wer den richtigen Schwerpunkt in Jesus gefunden hat, den schmeißt so schnell nichts um.

Im Spielwarengeschäft gibt es aber auch richtige Stehaufmännchen zu kaufen – auch das ist ein hübsches Geschenk.

**Ansprache:**

*Liebe Petra, lieber Torsten, liebe Gäste!*

Ja, das gibt es: dass man einen Menschen sieht, und in dem Moment weiß man: Der oder keiner! Das war auf dem Weihnachtsmarkt vor drei Jahren, und deine Freundin hat gelacht und bloß gemeint: Du spinnst ja!

Du, Torsten, hast damals von deinem Glück noch nichts geahnt und wolltest in dieser Hinsicht erst mal eigentlich nur deine Ruhe. Ein halbes Jahr vergeht, ohne dass etwas geschieht, dann ist dein Geburtstag, Petra, er kommt mehr oder weniger zufällig vorbei, und so nimmt die Liebe ihren Lauf …

Liebe – „Liebe ist, wenn er morgens früher aufsteht und die Kaffeemaschine anschmeißt." Ziemlich lange haben wir uns darüber unterhalten, was Liebe ist. Mit der Sicherheit eines kompetenten Verkäufers, der weiß, wovon er spricht, hast du geantwortet, Torsten: „Liebe ist warm und hell; sie ist das eigentliche Ziel – und gleichzeitig der Weg." – Bei dir würde ich glatt ein Bad kaufen. – Und du, Petra, hast mit der Sicherheit einer Frau geantwortet, die weiß, was sie will: „Liebe, das heißt: Verstehen, Vertrautheit, Festigkeit, Geduld, Treue." Und dann noch die Sache mit der Kaffeemaschine – ich hatte den Eindruck: Ihr wisst, wovon ihr redet, als wir von der Liebe sprachen.

Von der Liebe redet auch der Trautext, den ihr euch ausgesucht habt – völlig zeitgemäß aus dem Internet gefischt. Eure Beschreibung der Liebe zeigt auffällige Übereinstimmungen mit dem, was Paulus hier sagt: Das Fühlen spielt keine besondere Rolle, wohl aber das Wollen und das Tun: „Die Liebe ist langmütig und freundlich, die Liebe eifert nicht, die Liebe treibt nicht Mutwillen, sie bläht sich nicht auf, sie verhält sich nicht ungehörig, sie sucht nicht das Ihre, sie lässt sich nicht erbittern, sie rechnet das Böse nicht zu."

Diese Liebe ist wie – ja wie ein Stehaufmännchen. Ich habe mal eins mitgebracht heute Nachmittag. Es ist kein echtes Stehaufmännchen, sondern eine Wippe-Dippe-Tasse, aber das ist im Prinzip dasselbe. Die könnt ihr behalten, ihr werdet sie ja auch bald brauchen … Also, das Prinzip des Stehaufmännchens ist einfach: Man stößt es an, es wippt ein bisschen – und richtet sich dann wieder auf. Man schlägt es – und es kommt doch wieder auf die Beine. Man schmeißt es um – und kurz darauf steht es wieder gerade.

Genauso kommt mir die Liebe vor, von der Paulus spricht: wie so ein Stehaufmännchen. Wenn dieser Liebe Unrecht zugefügt wurde – sie verzeiht gerne und ist nicht nachtragend. Sie ist geduldig, sie kann warten, wenn der andere mal nicht so gut drauf ist. Sie duldet alles, heißt es am Schluss.

Wie macht sie das, die Liebe? Wir erleben uns selbst doch oft ganz anders im Alltag: eben ungeduldig, vielleicht auch nachtragend. Und umgekehrt: Wie leicht schmeißt uns das um, wenn uns der andere mal links liegen lässt, wenn er seinen Willen durchsetzt, uns verletzt. Wie macht das diese Liebe, dass sie eben nicht so reagiert, wie wir das tun würden?

Ja, wie macht es denn dieses Stehaufmännchen? – Es hat ein Geheimnis. Da unten ist ein kleines Stück Schwermetall eingebaut. Und dieses Metallstück sorgt immer wieder dafür, dass die Tasse, das Männchen sich aufrichtet. Auf den richtigen Schwerpunkt kommt es offenbar an. Wenn der Schwerpunkt stimmt, dann klappt das mit dem Wieder-Aufstehen.

Auf den richtigen Schwerpunkt kommt es an. Auch in der Liebe, auch in der Ehe. Wo habe ich meinen Schwerpunkt? Was ist mir wichtig im Leben? Paulus empfiehlt hier einen ganz bestimmten Schwerpunkt. Einen, auf den man sich absolut verlassen kann. Die Liebe, von der Paulus spricht, die hat nämlich einen ganz bestimmten Namen: Jesus Christus. Jesus will der Schwerpunkt sein in unserem Leben. Denn er hat die Menschen genau so geliebt, wie es Paulus hier beschreibt. Jesus war geduldig und freundlich, nicht nachtragend, sondern er hat vergeben. Alles hat er ertragen – bis zum Kreuz.

Ihn, Jesus zum Schwerpunkt meines Lebens, meiner Ehe machen, das wäre das Geheimnis einer solchen Liebe. Von Jesus können wir lernen zu lieben. Von Jesus können wir uns diese Liebe schenken lassen. Ihn dürfen wir bitten um solche Liebe. Denn er liebt auch uns.

So kann auch eure Liebe zu einem solchen Stehaufmännchen werden – nicht kleinzukriegen, nicht umzuschmeißen. Komme, was da wolle.

## 15. Waage – *Gleichgewicht der Liebe*

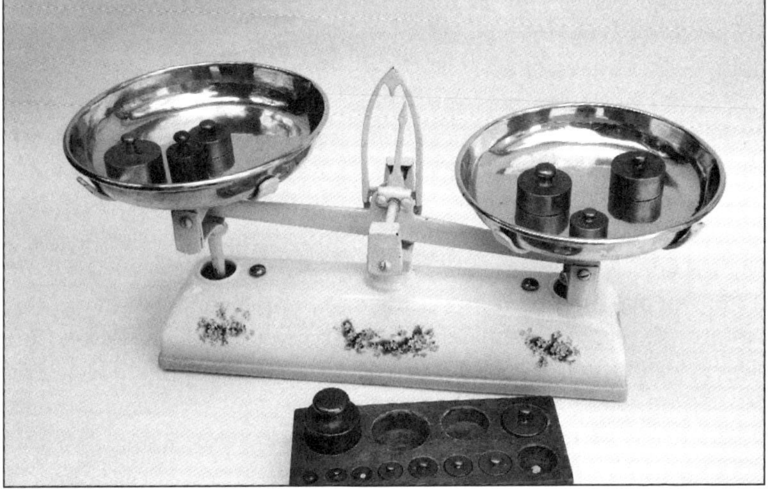

**Text:** Tut nichts aus Eigennutz oder um eitler Ehre willen, sondern in Demut achte einer den anderen höher als sich selbst. Seid gesinnt wie Jesus Christus. (Phil 2,3)

**Gegenstand/Geschenk:** Den Trauspruch hatte die Mutter des Bräutigams gewählt, als dieser noch keine fünfzehn war. Die Idee mit der Waage kam mir, als ich bei einer Nachbarsfrau eine bald hundert Jahre alte Balkenwaage mit den dazugehörigen Gewichten stehen sah. Bei Bauersleuten findet man so etwas öfters, auch beim Apotheker kann man einmal nachfragen.

Im Wörterbuch (gründlich und erschwinglich: Etymologisches Wörterbuch des Deutschen, erarbeitet unter der Leitung von Wolfgang Pfeifer, dtv-Taschenbuch 1993) bin ich der Etymologie des Wortes „Waage" nachgegangen und habe mich im Wortfeld umgetan – und dabei Interessantes entdeckt. Die Demonstration der Aussage des Trautextes hat die – nicht besonders Kirchen-erfahrenen – Gottesdienstbesucher offenbar in ihren Bann gezogen.

Eine alte Balkenwaage findet man öfters in den Häusern – zumindest auf dem Land. Wenn man dem Brautpaar keine schenken kann oder mag, macht sich auch eine moderne Küchenwaage gut als Geschenk.

**Ansprache:**

*Liebe Ursula, lieber Steffen, liebe Gäste!*

Für diesen Gottesdienst habe ich mir etwas ausgeliehen: eine Waage, eine so genannte Balkenwaage, wie sie in unseren Küchen selten geworden ist. Bei Apothekern findet man noch ähnliche Waagen oder bei den Bauern.

In der Ehe legt man manchmal jedes Wort auf die Goldwaage. – Gemeinsame Entscheidungen wollen gut abgewogen sein. – Am Anfang der Ehe wagt man das gemeinsame Leben (Etwas „wagen" kommt tatsächlich von der Waage). Kein Wunder: Ist der gemeinsame Weg doch mit allerlei Unwägbarkeiten gepflastert. Deswegen erwägen manche (ihr natürlich nicht) erst gar nicht zu heiraten. – Man ist dem anderen gewogen, aber man weiß nicht genau, ob das auch so bleibt. – Und irgendwann braucht man dann auch eine Wiege.

Ihr seht: Die Waage, wiegen – das ist ein hübsches Bild für die Ehe. Vor allem aber passt es zu dem Trauspruch, den die Mutti schon vor Jahren ausgesucht hat und der euch beiden auch sehr gut gefällt: „Tut nichts aus Eigennutz oder um eitler Ehre willen, sondern in Demut achte einer den anderen höher als sich selbst."

Eins habe ich noch gar nicht gesagt: Die Ehe soll eine ausgewogene Beziehung sein, und genau darum geht es in eurem Bibelwort: um das Gleichgewicht. Die beiden Partner müssen nicht gleich sein, aber sie sollen das gleiche Gewicht haben – im übertragenen Sinn natürlich. Dann herrscht Gleichgewicht, dann herrschen Harmonie und Ausgewogenheit. Leider ist das nicht immer die Regel. Deswegen hat es mich besonders gefreut, dass ihr auf die Frage: Welche Vorbilder habt ihr für eure Ehe? geantwortet habt: die Eltern. Gleichgewicht in der Ehe ist nicht erblich, aber man kann es lernen.

Aber wie kommt es zum Gleichgewicht? – Schauen wir unsere Waage hier an: Ich lege jetzt hier auf die eine Seite – ich habe mal Steffen draufgeschrieben – ein Gewicht aus dem Gewichte-Depot des Steffen. Was passiert? Die Waage neigt sich. Jetzt lege ich auf die andere Seite – da steht Ursula drauf – ein Gewicht aus Ursulas Depot. Die Waage schlägt aus auf die andere Seite, pendelt aber zurück und hängt doch wieder schief. Also muss ich noch schnell ein weiteres Gewicht nachlegen – und wirklich: Jetzt ist es hier wieder schwerer. Nur: Ins Gleichgewicht habe ich es immer noch nicht gebracht.

Diese Methode, die ich eben angewandt habe, die findet sich am Anfang eures Trauspruchs, und genau so sollt ihr es nicht machen: „Tut nichts aus Eigennutz oder um eitler Ehre willen." Wenn jeder auf seine eigene Waagschale die Gewichte legt und immer mehr Gewichte legen muss, weil der andere ja nicht mehr Gewicht haben soll als ich – dann wird es nie zum Gleichgewicht kommen. Eigennutz und Neid, damit kann es nicht klappen. Wenn ich ständig in Sorge bin, dass ich und mein Wort auch genug Gewicht haben in der Ehe, dann hängt der Segen schief.

Was tun? Die zweite Hälfte eures Trauspruchs gibt Antwort: „Einer achte den anderen höher als sich selbst." Ich soll also dem anderen mehr Gewicht, mehr Achtung geben als mir selbst. Und der andere tut das Gleiche. Ich nehme also ein Gewicht aus Steffens Depot und lege es auf Ursulas Seite – und umgekehrt und immer weiter …

Letztens war ich bei einem befreundeten Ehepaar zu Gast. Ich saß mit ihm am Kamin in den beiden Sesseln, die dort standen, und wir unterhielten uns angeregt. Nach einer Weile kam seine Frau dazu. Keine Sekunde, und mein Freund stand vom Sessel auf, bot ihr den Platz an und holte sich selbst einen harten Stuhl – völlig selbstverständlich. Dann goss er ihr Wein ins Glas – und danach erst mir. Ins Gespräch bezog er sie sofort ein, obwohl wir gerade darin vertieft waren. Es machte ihm gar nichts aus, dass das Gespräch eine Wendung nahm, die uns von unserem ursprünglichen Thema völlig wegführte – und ich wusste: Das Thema war ihm wichtig gewesen.

Mich hat das beeindruckt; die beiden sind immerhin schon dreizehn Jahre verheiratet! Davon schneidest du dir 'ne Scheibe ab und nimmst sie mit nach Hause, dachte ich. Den anderen höher achten als mich selbst. Da habe ich es gesehen, und es wäre mir nicht so aufgefallen, wenn das überall so liefe. Denn ich habe auch schon das Gegenteil erlebt: dass – auch und gerade wenn Gäste da sind – Ehepartner nichts anderes im Sinn haben, als sich gegenseitig bloßzustellen und den andern aussehen zu lassen wie Klein-Doofi auf Rädern. Das gibt es auch.

„Einer achte den anderen höher als sich selbst." Und zwar „in Demut", wie es hier heißt. Das Wort „Demut" ist nicht besonders modern. Die Sache auch nicht. Demut kommt von „dienen", heißt also eigentlich: „Dien-Mut". Der Mut, genauer: die innere Haltung, dem anderen dienen zu wollen. Ihn zu achten, sogar höher als mich selbst. Seine Interessen und Bedürfnisse höher einzustufen als meine eigenen. Vom Volleyball-Turnier zu Hause bleiben, weil ich weiß: Meine Frau würde liebend gerne auf ein Folk-Dance-Festival fahren an diesem Wochenende. Das wär's doch!

Man kann die ganze Sache auch Liebe nennen, Liebe im besten Sinn. Liebe im Sinne und Geist Jesu Christi. Denn so geht euer Trauspruch ja weiter: „Seid gesinnt wie Jesus Christus." Wie man dem anderen dient, davon kann man sich bei Jesus eine Scheibe abschneiden. Sein Dien-Mut hat ihn letztlich bis ans Kreuz gebracht. – Wer dem anderen dienen will, macht sich verletzlich. Wer den anderen höher achtet als sich selbst, läuft Gefahr, zu kurz zu kommen. Aber gerade darin liegt ja das Unvergleichliche der Liebe: dass es gegenseitig geschieht und das Gleichgewicht doch zustande kommt; nur so wächst Vertrauen.

Ich könnte auch sagen: Mit dieser Gesinnung, mit dieser Liebe kann man sich von Jesus anstecken lassen. Zu diesem Dien-Mut kann ich Jesus um Kraft bitten, um Liebe. Und davon habt ihr beiden auch geredet in unserem Gespräch: „Liebe heißt in erster Linie: den anderen achten." – „Gott ist ein wichtiger Ansprechpartner." – „Wir wollen Gott bitten, dass die Harmonie bleibt." Das waren eure Worte. Dazu sind wir hier. Ich denke, ihr habt viel verstanden von dem Bibelwort, das die Mutti vor fünfzehn Jahren mit Bedacht ausgewählt hat.

Ich möchte schließen mit einer kurzen Geschichte. Ich erzähle sie, obwohl sie auch traurig ist. Es ist eine Geschichte, die uns fast rührend vor Augen führt, was es heißt, seine eigenen Gewichte in die Waagschale des anderen zu werfen.

Es ist Krieg. Weihnachten steht vor der Tür. Es ist kaum genug da zum Essen, doch die beiden Liebenden wollen sich zum Fest beschenken. Aber sie verraten sich nicht, was sie vorhaben. Sie weiß: Er hat eine wunderschöne Taschenuhr, die hat er von seinem Großvater geerbt, als er noch ein Kind war. Um nichts in der Welt würde er die hergeben. Nur: Die Uhr hat keine Kette mehr, und so ruht sie in der Schreibtisch-Schublade, ungenutzt. Eine solche Kette will sie ihm schenken. Doch mit welchem Geld? – Da kommt ihr ein Gedanke: Wenn sie ihr kräftiges, langes, blondes Haar, das er so an ihr liebt, wenn sie das abschneiden lässt und verkauft, dann kann sie die silberne Uhrenkette kaufen, die sie letztens beim Juwelier gesehen hat.

Er hat auch eine Idee: Er mag ihr wunderbares Haar so sehr, und er weiß, dass sie sich zwei wunderschöne Haarkämme wünscht. Wenn er seine Taschenuhr versetzt, kann er sie ihr kaufen ...*

Ich brauche die Geschichte nicht zu Ende zu erzählen, wir können uns denken, wie es weitergeht. Eine traurige Geschichte. Aber eine Geschichte, in der die Liebe siegt – selbst wenn am Ende alles sinnlos erscheint.

Liebe ist nie sinnlos. Auch der Tod Jesu am Kreuz war nicht sinnlos. Er war auch nicht das Ende der Geschichte. Und: Der Tod Jesu war nötig, damit wir lieben lernen. Damit wir lernen, den anderen höher zu achten als uns selbst. Damit wir im Gleichgewicht miteinander leben können. Ein ganzes Leben lang – trotz aller Unwägbarkeiten.

* O. Henry, Das Geschenk der Weisen, mit Illustrationen von Lisbeth Zwerger, Neugebauer Verlag, Zürich, ISBN 3-85195-124-7, 26 Seiten, durchgehend farbig illustriert, Hardcover gebunden, unverbindliche Preisangabe: EUR 13,80

# 16. Clown

*Die Klugheit des Narren*

**Text:** Achtet sorgfältig darauf, wie ihr euer Leben führt, nicht töricht, sondern klug. Nutzt die Zeit! (Eph 5,15.16a)

**Gegenstand/Geschenk:** Ausgangspunkt der Ansprache ist das Clowns-Kostüm, das die Braut trug, als die beiden sich beim Fasching kennen lernten. Dass der Clown fröhlich und traurig zugleich sein kann, spiegelt das Leben wider, wie es ist – so sahen es auch die Brautleute. Der von ihnen gewählte Trauspruch ist ungewöhnlich, doch mit Bedacht ausgesucht. Das Clowns-Bild, das ich im Gottesdienst zeigte, hatte ich von einem Mädchen, das es für ihren Vater gemalt hatte; der war nicht lange zuvor an Krebs gestorben. Ein solches Bild kann man sich aber von jedem Kind malen lassen. In einem passenden Rahmen eignet es sich auch gut als Geschenk.

**Ansprache:**

*Liebe Sabine, lieber Jörn, liebe Gäste!*

Jedes Paar hat seine eigene, besondere Geschichte. Das ist die Geschichte, die man später einmal an einem Winterabend den Kindern erzählt oder den Enkeln. Meistens ist es die Geschichte, wie man sich kennen gelernt hat. Die bleibt ein Leben lang wichtig. Eure Geschichte hat mir sehr gut gefallen:

Sie beginnt auf einer Karnevals-Veranstaltung vor sieben Jahren, da habt ihr euch kennen gelernt. Ein Tanz, ein Flirt, das Gefühl: da kommt was rüber, ein Prickeln, Schmetterlinge im Bauch. Das Empfinden: da sendet jemand auf gleicher Wellenlänge. Aber wer dieser Jemand ist, das bleibt zunächst im Verborgenen. Zumindest auf einer Seite. Denn sie ist verkleidet – als Clown. Mit roter Nase und allem, was dazugehört. Auch eine Woche später auf einer anderen Faschings-Party ist sie immer noch derselbe Clown mit derselben roten Nase. Wie gerne hättest du gewusst, wie sie unter dieser Nase und unter der Schminke aussieht. Aber darauf musstest du noch eine ganze Woche warten. Dann kam die „Ent-Larvung". Und die Überraschung fiel durchaus positiv aus – wie man bis heute sieht. Und so nahm die Geschichte ihren weiteren Lauf. Als ihr dann vor drei Jahren zusammengezogen seid, um zu sehen, wie ihr miteinander zurechtkommt, da gab es schon keine Masken mehr, hinter die man dann hätte blicken können. Ihr habt euch gekannt und verstanden. Wie man sieht …

Mir hat die Sache mit dem Clown so gut gefallen, dass ich heute das Bild von einem Clown mitgebracht habe. Ein Mädchen hat ihn einmal für ihren schwer kranken Papa gemalt. Und als er starb, hat sie das Original mit ins Grab gegeben. Ich würde keine so ernsten und traurigen Dinge heute an diesem Freudentag erzählen, wenn ich nicht wüsste, dass zumindest ihr beiden sehr genau um den Ernst wisst, der – neben aller Freude – in dem beschlossen liegt, was ihr heute beginnt. Das wird ganz deutlich, wenn wir uns den Trauspruch anschauen, den ihr beiden euch für diesen Tag und für euer weiteres Leben ausgesucht habt:

„Achtet sorgfältig darauf, wie ihr euer Leben führt, nicht töricht, sondern klug. Nutzt die Zeit!"

„Das wollen wir tun", habt ihr gesagt. „Wir wollen unsere Zeit nicht mit unnötigem Unsinn vertun. Wir wollen klug sein und die Zeit nutzen." Das klingt an einem solchen Tag und aus dem Munde zweier junger Menschen zunächst etwas befremdlich. Da liegen doch noch Jahre und Jahrzehnte vor den beiden!, möchten wir meinen. Aber euch ist das wichtig. Ihr habt ein Gespür dafür, dass Zeit, dass eure gemeinsame Zeit kostbar ist. Weil sie geschenkte Zeit ist. Weil niemand weiß, wie lang diese Zeit sein wird. Deswegen wollt ihr sie nutzen. Deswegen wollt ihr z.B. nicht aus Trotz die Sonne über eurem Zorn untergehen lassen, wenn es denn einmal zu einer Auseinandersetzung gekommen ist.

Klug wollt ihr sein und nicht töricht. Das erinnert mich wieder an den Clown. Der Clown ist der Narr. Der Narr erscheint töricht. Und ist doch klüger als all die klugen Leute. So kennen wir es aus Märchen und Geschichten.

Schauen wir uns diesen Clown einmal genauer an. Vielleicht entdecken wir das Geheimnis seiner Klugheit in seinem Gesicht. Ich glaube, ich habe noch nie einen traurigeren Clown gesehen. Trotzdem befindet sich sein Gesicht gleichsam in der Schwebe. In der Schwebe zwischen Lachen und Weinen. So sind Clowns. Lustig und traurig zugleich. Sie schaffen es, das zusammenzubringen, was wir immer fein säuberlich zu trennen versuchen: Freude und Leid, Fröhlichkeit und Trauer, Leben und Tod. Das ist ihre Stärke, das ist ihr Geheimnis: dass sie wissen, dass beides zusammengehört. Ja, dass eins ohne das andere leer und hohl wird. Weil wir Menschen oft so töricht sind, eins vom anderen zu trennen.

Wir sind töricht, wenn wir meinen, dass wir ewig leben, und keinen Gedanken ans Sterben verschwenden.

Wir sind töricht, wenn wir meinen, der andere, der Partner „gehöre" uns und könne uns nie genommen werden.

Wir sind töricht, wenn wir meinen, in unserer Beziehung müsse der Himmel immer voller Geigen hängen, und uns kann ja nichts passieren, weil wir uns so lieb haben.

Der Narr ist klug, klüger als die klugen Leute, weil er Schönes und Schweres nicht trennt, weil er gleichzeitig lachen und weinen kann.

Wir sind klug, wenn wir jeden Moment des Glücks genießen, weil wir wissen: Gott schenkt das Glück des Augenblicks.

Wir sind klug, wenn wir den anderen auch einmal loslassen, ihm seinen Freiraum geben, weil wir wissen: Er ist uns von Gott geschenkt.

Wir sind klug, wenn wir auch Schweres aus Gottes Hand nehmen, weil wir wissen: Gott meint es gut mit uns und will uns und auch unsere Beziehung reifen lassen.

Das alles weiß der Narr, und er macht sich damit vor anderen oft zum Narren. Weil solche Gedanken und Einsichten nicht sehr beliebt sind. Und deswegen kann es sein, dass auch ihr euch zum Narren macht, wenn ihr – ja wenn ihr liebt.

Denn das, was ich beschrieben habe als diese Klugheit, das gehört alles zur Liebe dazu. Und Liebe, Liebe ist die größte Narretei, die es gibt. Weil sie den Regeln und Gesetzen dieser Welt so zuwiderläuft. Es ist doch so: Wer vertraut, ist der Dumme. Wer loslässt, was er doch festhalten könnte, ist ein Narr. Wer etwas gibt, ohne dafür eine Gegenleistung zu erwarten, der ist selbst schuld. So denken viele.

Ich möchte zum Schluss von einem großen Narren erzählen, dem Vorbild, dem Urbild aller klugen und liebenden Narren. Dieser größte Narr aller Zeiten war Jesus Christus. Er hat die Menschen geliebt. Er hat sie geheilt, hat sie frei gemacht – auch wenn er Ärger bekam mit den maßgeblichen Leuten damals. Er hat die Kinder und die Frauen ernst genommen, das war damals fast revolutionär. Er hat sich mit Typen abgegeben, mit denen sonst kein Mensch geredet hat, mit Prostituierten und Betrügern. So dumm war er. Er war schließlich so dumm, dass er sich für die Schuld aller Menschen ans Kreuz schlagen ließ, ohne sich zu wehren – was ihm sicher nicht schwer gefallen wäre. So sehr hat er die Menschen geliebt, dass er für sie in den Tod ging. Dieser größte Narr.

Lieben und vertrauen heißt ihm nachfolgen, Jesus nachfolgen. In Tuchfühlung bleiben mit ihm. Wer das tut, der führt sein Leben nicht töricht, sondern klug. Wer so liebt, wie er geliebt hat und wie er uns liebt, der ist nur scheinbar töricht, in Wirklichkeit aber klug. Wer sein Leben und den anderen als wertvolles Geschenk Gottes begreift, der wird die Zeit nutzen. Die Zeit, die ihr euch gegenseitig geschenkt seid.

Ich wünsche euch das, dass ihr in eurer Ehe diese Klugheit bewahrt. Dass ihr das Lachen und das Weinen des Clowns zusammenbringt. Dass die Liebe am Ende nicht die Dumme ist. Gott will euch das heute zusagen.

# 17. Ball

## *Liebe sucht Vollkommenheit*

**Text:** Alle eure Dinge lasst in der Liebe geschehen. (1. Kor 16,14)

**Gegenstand/Geschenk:** Die beiden waren leidenschaftliche Basketballspieler und hatten sich auch bei einem Turnier kennen gelernt. Der Ausspruch Sepp Herbergers: „Der Ball ist rund“ galt ursprünglich dem Fußball, lässt sich aber auf beliebige andere Bälle beziehen. Eine Ansprache also, die sich mühelos auf Volleyball-, Tischtennis-, Golf- etc. Spieler übertragen lässt – nur bei Rugby wird es schwierig ... Es geht um die vollkommene Liebe, die unerreichbar bleibt für uns Menschen – und nach der wir uns doch alle sehnen.

Als Geschenk eignet sich ein neuer Ball; wenn er groß genug ist, mit den Namenszügen der Hochzeitsgäste.

**Ansprache:**

*Liebe Stephanie, lieber Markus, liebe Gäste!*

Eigentlich hätten wir mit dem, was wir hier heute tun, bis 1999 warten müssen. Denn erst dann fällt der 5. Juni auf einen Samstag. Ihr wolltet nicht so lange warten und habt deshalb wenigstens die standesamtliche Trauung auf den 5.6. gelegt – obwohl ihr gesagt habt, dass die Kirche für euch das Eigentliche ist. Am 5. Juni habt ihr euch verlobt – das war letztes Jahr. Am 5. Juni habt ihr euch kennen gelernt – vor nunmehr vier Jahren. Und das war bei einem Basketball-Turnier in der fernen Vorderpfalz. Deswegen habe ich für unsere Betrachtungen heute Nachmittag einen Basketball mitgebracht.

„Der Ball ist rund" – diese banale Feststellung stammt bekanntlich von Sepp Herberger und bezog sich ursprünglich auf den Fußball. Dieser Satz „Der Ball ist rund" gilt aber natürlich in gleicher Weise von jedem anderen Ball, auch von einem Basketball wie diesem, der euer bevorzugtes Sportgerät ist.

Mathematisch gesehen ist der Ball eine Kugel. Und die Kugel ist ein ganz besonderer geometrischer Körper. Sie hat zwar eine messbare Oberfläche, aber diese Oberfläche ist dennoch grenzenlos. Darüber hinaus ist die Kugel der Körper, der im Verhältnis zum Volumen die geringste Oberfläche hat. Das macht sie ungeheuer stabil. Wer einmal versucht hat, ein Ei zwischen Daumen und Zeigefinger zu zerdrücken, kann das bestätigen. (Der Einwand, ein Ei sei gar nicht rund, ist leicht zu widerlegen: Man braucht nur statt des Eis einen Golfball zu nehmen.)

Die Kugel ist also eine ideale Form, grenzenlos und stabil. In der Kunst ist sie nicht umsonst das Symbol der Vollkommenheit, der Unendlichkeit, der Ewigkeit. Damit ist sie aber auch gleichzeitig ein Symbol der Liebe. Auch die Liebe, sofern sie göttlichen Ursprungs ist, ist vollkommen oder sucht zumindest Vollkommenheit. Auch die Liebe überschreitet Grenzen, z.B. die sonst meist unüberwindbare Grenze der Selbstsucht. Auch die Liebe sucht Stabilität, Verlässlichkeit, Vertrauen. „Marmor, Stein und Eisen bricht, aber unsere Liebe nicht …" Auch die Liebe sucht Ewigkeit.

Ich sagte: „die Liebe, sofern sie göttlichen Ursprungs ist …" Ich bin der Meinung, dass alle Liebe irgendwie und ursprünglich einmal von

Gott gekommen ist, egal wie pervertiert sie vielleicht von den Menschen wurde. Aber es gibt dennoch Unterschiede. Es gibt Momente, in denen wir lieben und wo wir spüren: Diese Liebe ist nicht von dieser Welt, hier bricht Göttliches ein in unsere Welt, hier atmen wir ein Stück Ewigkeit. Bei Rainer Maria Rilke* heißt es einmal sehr schön über zwei Liebende: „Die Zeit ist eingestürzt, und die beiden blühen aus ihren Trümmern." Das sind solche Momente, wo wir etwas spüren von dieser göttlichen Liebe.

Oder auch, wenn wir, wie oben beschrieben, Grenzen überschreiten: die Grenzen unseres Charakters, unserer Prägung, die Grenzen unseres Egoismus, unserer Selbstbezogenheit. Wenn wir uns selbst nicht mehr kennen, weil wir Dinge für den anderen tun, die uns sonst nie eingefallen wären. Wenn wir Fantasie entwickeln, wo wir sonst reichlich einfallslos sind. Liebe, die göttlichen Ursprungs ist – jedes Paar hat einen Schatz von dieser Liebe. Und die Sehnsucht nach dieser Liebe hört hoffentlich niemals auf.

Von dieser Liebe ist die Rede in dem Trauspruch, den ihr euch selbst ausgesucht habt. Es ist so ziemlich der kürzeste Trauspruch, den man sich denken kann. Aber mir scheint, in ihm ist alles zusammengefasst, was man aus christlicher Sicht zu Liebe und Ehe sagen kann. Paulus schreibt diesen Satz an die Gemeinde in Korinth: „Alle eure Dinge lasst in der Liebe geschehen."

Das erste Wort ist schwer: „alle". „Alle eure Dinge", also alles. Nicht nur das, was ihr tut (das ginge eventuell noch), sondern auch das, was ihr nicht tut, soll in der Liebe geschehen (auch das wäre vielleicht noch zu bewerkstelligen). Sie gehen lassen, wenn die Reiselust sie wieder einmal treibt und du aus beruflichen Gründen nicht mitkannst. Ihr keine mehr oder weniger stillen Vorwürfe machen deswegen, nicht auf die sanfte Mitleidstour kommen. Das ist auch gemeint. Aber nicht nur, was ihr tut, sondern auch das, was ihr denkt und fühlt. Und da wird's happig. Da habe ich immer weniger Kontrolle über mich selbst. Deswegen habt ihr auch ganz richtig bemerkt, dass Liebe nicht nur etwas mit dem Verstand und auch nicht nur mit dem Willen zu tun hat, sondern mit dem Herzen. Die Liebe muss von Herzen kommen. Nur: Wie kommt sie rein ins Herz? Und wie bleibt sie drin, wenn die große Verliebtheit einmal nachlässt?

„Alle eure Dinge lasst in der Liebe geschehen." Die Antwort liegt in zwei anderen Wörtern: „Lasst" und „geschehen". Lasst sie geschehen, die Liebe. Vertraut darauf, dass es eine Liebe gibt, die lange vor eurer Liebe da war. Eine Liebe, aus der eure Liebe wie eine Quelle fließen kann. Eine Liebe, die grenzenlos ist, die vollkommen ist, die aus der Ewigkeit kommt und in die Ewigkeit reicht. Eine Liebe, die nicht bricht, auch wenn unsere menschliche Liebe immer wieder zu zerbrechen droht. Die auch am Kreuz nicht gebrochen ist, die Verrat, Schmähung und Tod ausgehalten hat. Die nicht einmal durch unsere Gleichgültigkeit totzukriegen ist. Vertraut darauf, dass diese Liebe Gottes, die euch beide meint, dass diese Liebe immer hinter eurer Liebe steht, über eurer Liebe, darunter, daneben, ringsherum. So wie die Wand dieses Basketballs die Luft innen drin umgibt.

Lasst diese Liebe geschehen. An euch selbst und durch euch hindurch.

* R.M. Rilke, Die Weise von Liebe und Tod des Cornets Christoph Rilke, Insel Verlag, Frankfurt, 1999, Gebundene Ausgabe, EUR 8,80 (Stand: April 2003); oder im Internet:
www.gutenberg2000.de/rilke/erzaehl/cornet.htm

# 18. Oberleitung

***Dranbleiben***

**Text:** Nun aber bleiben: Glaube, Hoffnung, Liebe, diese drei. Aber die Liebe ist die größte unter ihnen. (1. Kor 13,13)

**Gegenstand/Geschenk:** Anlass für die Ansprache war die Erfahrung der Brautleute, die kurz zuvor mit dem Wagen stehen geblieben waren: kein Benzin mehr! Zum Glück hatten sie einen Ersatzkanister dabei. Im Gespräch kamen wir dann auf Busse und Straßenbahnen, bei denen das nicht passieren kann. Durch Zufall traf ich in den folgenden Tagen einen Fahrleitungsmonteur, der mir ein zwanzig Zentimeter langes Kupferkabel für den Gottesdienst besorgte; den Kanister nahm ich aus meinem Wagen.

Am besten, man fragt einfach bei den städtischen Verkehrsbetrieben nach einer Quelle für das Kabel. Als Geschenk kann man das Kabelstück auf einem passenden Stück Holz befestigen und den Trauspruch dort einbrennen oder einfach draufschreiben.

**Ansprache:**

*Lieber Jürgen, liebe Olga, liebe Gäste!*

Ich möchte gleich mit der Türe ins Haus fallen. Mit dem Trauspruch nämlich, den ihr euch ausgesucht habt. Für heute – und für euer weiteres Leben. Im 13. Kapitel des 1. Korintherbriefs, dem so genannten „Hohenlied der Liebe" lesen wir: „Nun aber bleiben: Glaube, Hoffnung, Liebe, diese drei. Aber die Liebe ist die größte unter ihnen."

Liebe – wir alle haben in unserem Leben Liebe erfahren. Erinnern wir uns – für euch beide auch schon wieder eine Weile her –: der erste Kuss, die erste Umarmung, auch die Älteren wissen das meistens noch recht genau. Dann die Freuden der körperlichen Liebe. Dazu kommt dann später die Liebe, die wir den eigenen Kindern schenken. Und wir alle erinnern uns sehr gut an die Liebe, die wir selbst als Kinder empfangen haben, vor allem von unserer Mutter. Diese Liebe hat uns in besonderer Weise geprägt. Das alles nennen wir Liebe, und noch manches mehr. Und wir tun recht daran. Denn diese Liebe muss irgendwie von Gott kommen, von ihm gewollt sein.

Liebe, was ist das eigentlich? Gefühl? Sicher, das gehört auch dazu. Aber Liebe ist mehr. „Vertrauen" und „Geborgenheit" habt ihr genannt, das gehört für euch dazu. Dann aber noch etwas anderes: Selbstdisziplin. Liebe ist auch eine Frage des Willens. Und der Kraft. Wenn du, Jürgen, später einmal nachts fünfmal wegen eurer Großen aufstehst, weil der Olga nicht gut ist, dann kannst du nicht auf romantische Gefühle warten. Liebe heißt dann: Ich will dich lieben. Und ich strenge mich an und lasse es mich etwas kosten. Liebe ist eine Sache des Willens und der Kraft.

Die Liebe, von der Paulus hier spricht, ist offenbar von dieser Sorte: weniger eine Sache des Gefühls, vielmehr eine Sache der Tat und der Kraft. In den ersten Versen des Kapitels redet Paulus deutlich davon: „Die Liebe ist langmütig und freundlich, die Liebe eifert nicht, die Liebe treibt nicht Mutwillen, sie bläht sich nicht auf, sie verhält sich nicht ungehörig, sie sucht nicht das Ihre, sie lässt sich nicht erbittern, sie rechnet das Böse nicht zu."

Diese Liebe hat einen langen Atem, sie kann warten. Sie ist nicht selbstbezogen, sie macht nicht mehr aus sich, als sie ist, sie ist nicht nachtragend. Liebe ist eine Sache des Willens und der Kraft. Doch woher kommt sie denn, diese Kraft zum Lieben?

Ich habe heute zwei Gegenstände mitgebracht. Das Erste ist ein Ersatzkanister. Da ist Benzin drin. Das reicht für eine Weile. Aber nicht für sehr lang. Dann muss ich wieder voll tanken. Sonst bleibe ich auf der Strecke liegen.

Am Anfang der Liebe steht oft ein solcher Ersatzkanister. Der ist randvoll. Mit Liebe natürlich. Das reicht für eine Weile. Aber nicht für sehr lang. Dann bleibe ich auf der Strecke. Und die Liebe dazu. Wenn die Kraft zum Lieben aus mir selbst kommen soll, dann sind wir schnell am Ende.

Das Zweite ist ein Stück Kabel. Nicht irgendein Kabel. Ein Stück original Oberleitung. Ausgeborgt von einem original Fahrleitungsmonteur. Oberleitung. Mit einer solchen Oberleitung fahren Straßenbahnen und Busse. Sie schieben ihren Stromabnehmer nach oben, ein kurzes Zischen – und los geht die Fahrt. Umweltfreundlich und ohne Angst, der Saft könnte einem ausgehen.

Liebe – von oben gespeist. Eine Ehe mit Oberleitung. Wie kann das aussehen?

Einen kleinen „Stromabnehmer" bekommt ihr nachher von mir geschenkt: eine Bibel. Gelesen bietet sie gute Voraussetzungen für einen Draht nach oben.

Es ist wertvoll, wenn jeder für sich einen Draht nach oben hat. Wenn er auch beten kann. Ein ganz großes Geschenk ist es, wenn beide zusammen den Stromabnehmer ausfahren können. Doch egal ob allein oder gemeinsam:

Bittet Gott für eure Ehe. Bittet ihn auch um schöne Gefühle. Auch noch in zwanzig Jahren. Bittet Gott um Kraft, nicht nur in Momenten, wo sie nicht mehr reichen will.

An erster Stelle sollte jedoch der Dank stehen. Heute und an jedem Tag eurer Ehe. Dankt Gott für den Partner, die Partnerin. „Aus seiner Hand" habt ihr ihn/sie empfangen, so heißt es in der Traufrage nachher. Dankt Gott für euer Leben, eure Gesundheit. Für eure Jugend, für so viele Möglichkeiten, die eurem Leben offen stehen. Dankt Gott für die Liebe, mit der er euch zuerst geliebt hat. Für die Liebe, die er euch in seinem Sohn Jesus Christus gezeigt hat. Dankt ihm auch für die Kraft zum Lieben, die in euch selbst liegt. Denn was ist schon meine eigene Kraft? Habe ich nicht auch die von Gott empfangen?

So zeigt es sich bei näherer Betrachtung: Das mit dem Ersatzkanister, das ist gar keine echte Alternative. Alle Kraft, alle Fantasie, alle Liebe kommt doch von Gott. Manchmal bedarf es besonderer Ereignisse, dass einem das wirklich klar wird und man dankbar wird. Manchmal muss es einem vielleicht auch nur einmal gesagt sein.

So habe ich für euch beiden heute nur den einen Rat: Stromabnehmer ausfahren und ganz nah dran bleiben an dem, von dem die Bibel sagt: Er ist die Liebe. Und wie ich euch beide kennen gelernt habe, werdet ihr dabei sicher nicht nur auf ausgefahrenen Gleisen bleiben. Denn die Oberleitung Gottes hängt überall.

# 19. Lenkrad

## *Gemeinsame Lebensrichtung*

**Text:** Die Liebe ist langmütig und freundlich, die Liebe eifert nicht, die Liebe treibt nicht Mutwillen, sie bläht sich nicht auf, sie verhält sich nicht ungehörig, sie sucht nicht das Ihre, sie lässt sich nicht erbittern, sie rechnet das Böse nicht zu, sie freut sich nicht über die Ungerechtigkeit, sie freut sich aber an der Wahrheit, sie erträgt alles, sie glaubt alles, sie hofft alles, sie duldet alles. Nun aber bleiben Glaube, Hoffnung, Liebe, diese drei. Am größten jedoch ist die Liebe. (1. Kor 13,4-7.13)

**Gegenstand/Geschenk:** Die Brautleute studierten beide, er war leidenschaftlicher Bastler und hatte schon einige Autos wieder hergerichtet. Das Lenkrad ist ein sehr gutes Symbol: Wer hält es in der Hand bei der gemeinsamen Fahrt? Und was erwarten wir von Gott?

Ein altes Lenkrad ist beim Schrott oder in einer Werkstatt leicht zu bekommen; als Geschenk ist es weniger geeignet. Wie wär's mit einem Gutschein für eine Fahrt ins Wochenende?

**Ansprache:**

*Liebe Gabriele, lieber Frank, liebe Gäste!*

Mit unseren beiden Kleinen war ich neulich auf dem Jahrmarkt. Magisch angezogen wurden sie von einem Karussell. Es war ein richtig altmodisches mit Pferden, Motorrädern und natürlich Autos aller Art. Die beiden entschieden sich für einen schnellen Flitzer, stiegen ein und drehten eine Runde nach der anderen. Und dabei gab es erstaunlicherweise überhaupt keinen Streit. Ich habe ein Weile gebraucht, um dahinter zu kommen, wieso die beiden so vollauf zufrieden waren: Mir fiel auf, dass an jedem Platz ein eigenes Lenkrad angebracht war. Klar: Jeder will am Lenkrad sitzen, das ist der wichtigste Platz. Das wissen schon die Kinder: Wer lenkt, der gibt den Ton an. Ganz schön clever von den Karussellbauern.

So saßen die beiden friedlich nebeneinander, und jeder kurbelte munter drauflos. Jeder meinte, er gebe dem Gefährt die entscheidende Fahrtrichtung – dabei stand die längst fest …

Und wir Erwachsenen? Ich fürchte, wir unterscheiden uns da nicht von den Kindern. Jeder möchte doch gerne das erhebende Gefühl haben: Ich gebe meinem Leben – und möglichst noch dem Leben anderer – die entscheidende Richtung. Keiner lässt sich gerne von anderen lenken. Jeder hält am liebsten selbst das Steuer in der Hand.

Ich habe mir mal ein Lenkrad ausgeborgt von meiner Werkstatt. Mit solchen Sachen kennst du dich ja aus, Frank. Es ist eben eins und nicht zwei. Wenn zwei Menschen sich so fest aneinander binden, wie ihr das heute tut, dann heißt das, sie tauschen ihre beiden Fahrzeuge mit je eigenem Lenker ein gegen eines. Das geschieht natürlich nicht so plötzlich und auf einmal, aber es wird doch an diesem Tag heute auch nach außen hin sichtbar, dass ihr jetzt sozusagen nur noch ein Lenkrad habt.

Und so müsst ihr euch auf eine gemeinsame Lebensrichtung verständigen, nicht gegeneinander und voneinander weg, sondern miteinander und aufeinander zu. Dass das klappt, das kann allein die Liebe bewirken. Wenn zwei sich lieb haben, dann kurbelt nicht mehr jeder beliebig an seinem Lenkrad, sondern dann gibt es einen gemeinsamen Kurs. Von der Liebe, die das möglich macht, redet der Trauspruch, den ihr euch ausgesucht habt:

„Die Liebe ist langmütig und freundlich, die Liebe eifert nicht, die

Liebe treibt nicht Mutwillen, sie bläht sich nicht auf, sie verhält sich nicht ungehörig, sie sucht nicht das Ihre, sie lässt sich nicht erbittern, sie rechnet das Böse nicht zu, sie freut sich nicht über die Ungerechtigkeit, sie freut sich aber an der Wahrheit, sie erträgt alles, sie glaubt alles, sie hofft alles, sie duldet alles. Nun aber bleiben Glaube, Hoffnung, Liebe, diese drei. Am größten jedoch ist die Liebe."

Von der Liebe ist die Rede, von der Liebe, wie sie sein soll, wie Gott sie sich ausgedacht hat. Und wie Gott sie schenken will, wenn wir ihn darum bitten. Geduldig und freundlich ist sie, die Liebe, sie kann warten, sucht nicht den eigenen Vorteil, ist nicht nachtragend. So soll und so kann Liebe sein.

Beim Karussell ist das einfach: Es dreht sich um eine gemeinsame Mitte. Mit der Liebe ist das nicht anders: Sie gelingt, wo zwei Menschen dieselbe Lebensmitte haben. Gott bietet sich an als Lebensmitte. Wohl dem Menschen, der diese Mitte gefunden hat, der sich nicht mehr nur um sich selbst drehen muss. Wohl dem Paar, das Gott als gemeinsame Lebensmitte entdeckt, dessen Dreh- und Angelpunkt Gott ist.

„Der Mensch denkt, Gott lenkt", sagt der Volksmund. Wie beim Karussell: Letztendlich bestimmt ein anderer über unseren Lebenskurs, wie wild auch immer wir am Lenkrad drehen. Das soll uns keine Angst machen, sondern Mut: Auch wenn wir uns manchmal gegenseitig gefährlich ins Lenkrad greifen, den andern ausbremsen oder die eine oder andere Karambolage riskieren – Gott will über unsere Lebensfahrt wachen und uns durch seine Vergebung immer wieder in die richtige Spur lenken.

# 20. Drei Schnüre – *Was wirklich hält*

**Text:** So ist's ja besser zu zweien als allein; denn sie haben guten Lohn für ihre Mühe. Fällt einer von ihnen, so hilft ihm sein Gesell auf. Weh dem, der allein ist, wenn er fällt! Dann ist keiner da, der ihm aufhilft. Auch wenn zwei beieinander liegen, wärmen sie sich; wie kann ein Einzelner warm werden? Einer mag überwältigt werden, aber zwei können widerstehen, und eine dreifache Schnur reißt nicht leicht entzwei. (Prd 4,9-12)

**Gegenstand/Geschenk:** Ich staune immer wieder, wie beliebt der Trautext aus dem Buch des Predigers ist. Trotz seines Alters und obwohl keines der sonst gefragten Reizwörter „Liebe", „Segen" oder „Gott" darin vorkommt, wird er immer wieder gerne gewählt. Wahrscheinlich steckt einfach viel Lebensweisheit in diesen alten Worten, und danach sehnen sich auch junge Leute. Das Bild von der dreifachen Schnur habe ich hier einmal wörtlich genommen. Zwei junge Männer werden gebeten, ihre Kräfte unter Beweis zu stellen: Eine Paketschnur wird – zunächst einfach, dann doppelt – an beiden Seiten an einem Holzgriff befestigt, und die beiden müssen versuchen, die Schnur zu zerreißen. Schließlich wird ein Bowdenzug, etwa ein Bremszug vom Fahrrad, dazugenommen – den Teil des Experiments kann man sich dann ersparen …

Als Geschenk kann man zwei Stücke der Paketschnur mit einem Stück Bowdenzug flechten und das Ganze hübsch auf einem Brettchen befestigen. Daneben die Namen und der Trautext (bzw. der letzte Vers), hinten drauf eine Öse, damit man es an die Wand hängen kann.

**Ansprache:**

*Liebe Jasmin, lieber Mario, liebe Gäste!*

Schuld war das Weißbierfest. Da habt ihr beiden euch kennen gelernt. Und dann musste die neue Kommunikationstechnik helfen: SMS heißt das Zauberwort. Sie wissen, das sind diese Kurznachrichten, die man sich von Handy zu Handy schicken kann. Ich warte ja noch darauf, dass jemand einen Heiratsantrag per SMS verschickt und dann auf die Antwort wartet … Jedenfalls, von da ab ging bei euch alles sehr schnell. Und heute seid ihr hier, und man merkt: Euch ist es sehr ernst, und ziemlich altmodisch und ganz ohne Technik wollt ihr euch das Jawort geben vor Gott und der Gemeinde, wie es nachher heißen wird.

Die Auswahl der Trausprüche habe ich euch auch nicht per E-Mail geschickt, sondern ganz altmodisch in die Hand gedrückt, und ihr habt euch einen Spruch ausgesucht, der reichlich alt ist – und der dennoch erfrischend modern und aktuell klingt. Es gibt offenbar außer After Eight („Some things never change") noch mehr Dinge, die sich so schnell nicht ändern:

Bald 3000 Jahre ist es her, dass „der Prediger", wie er in der Bibel genannt wird, diese Verse schrieb. Und doch scheinen sie aktuell, wie für euch gemacht. Ein großes Stück Weisheit, Lebensweisheit steckt da drin. Und ein gutes Stück Erfahrung mit Gott. Und das, obwohl Gott ausdrücklich gar nicht vorkommt:

„So ist's ja besser zu zweien als allein; denn sie haben guten Lohn für ihre Mühe. Fällt einer von ihnen, so hilft ihm sein Gesell auf. Weh dem, der allein ist, wenn er fällt! Dann ist keiner da, der ihm aufhilft. Auch wenn zwei beieinander liegen, wärmen sie sich; wie kann ein Einzelner warm werden? Einer mag überwältigt werden, aber zwei können widerstehen, und eine dreifache Schnur reißt nicht leicht entzwei."

„So ist's ja besser zu zweien als allein." Das ist eine Grunderfahrung der Menschen. Schon am Anfang der Bibel heißt es ganz ähnlich: „Es ist nicht gut, dass der Mensch allein sei. Deswegen wird ein Mann Vater und Mutter verlassen und seinem Weibe anhangen." Diese Erfahrung habt ihr auch gemacht und macht sie immer noch: dass Alleinsein nicht gut ist. Und dass man irgendwann andere Beziehungen vernachlässigen muss, weil nun Zweisamkeit angesagt ist. „So ist's ja besser zu zweien als allein." Deswegen hat Gott die Liebe erfunden. Liebe – auch darüber haben wir uns unterhalten. „Dass man zueinander hält, das ist Liebe. Auch wenn es mal bergab geht im Leben", hast du gesagt, Mario. „Vertrauen und gegenseitige Treue, das gehört dazu", hast du ergänzt, Jasmin.

Weiter heißt es in eurem Trautext: „Fällt einer von ihnen, so hilft ihm der andere auf." Das war sicher schon damals nicht nur vordergründig gemeint, wenn einer stolpert. Das gibt es ja auch im übertragenen Sinn: dass einer fällt, dass einen eine Krankheit oder irgendwelche Probleme einfach umschmeißen. Wie gut, wenn dann einer da ist, der einen wieder aufrichtet. Auch wenn ich schuldig geworden bin am anderen, ist es wichtig, dass er mir verzeiht und mir so wieder aufhilft. – „Er kann gut zuhören", hast du gesagt, Jasmin. „Und sie baut mich wieder auf, wenn ich down bin." Und beide habt ihr gesagt: „Wir reden viel miteinander." Das ist gut.

All diese Erfahrungen fasst der Prediger am Ende zusammen in einem Bild: in dem schönen Bild von der mehrfachen Schnur. Ich habe eine solche Schnur einmal mitgebracht. Darf ich einmal zwei starke Männer bitten, diese Schnur hier zu zerreißen ... So, wunderbar, jetzt nehmen wir dieselbe Schnur, aber doppelt. Die doppelte Schnur hält (oder auch nicht).

Hier ist aber die Rede von einer dreifachen Schnur: „Einer mag überwältigt werden, aber zwei können widerstehen, und eine dreifache Schnur reißt nicht leicht entzwei." Eben war noch von zweien die Rede, und jetzt sind es plötzlich drei Schnüre. Wie ist das zu verstehen? Erster Gedanke: Ja, wir sind ja bald zu dritt; das ist die dritte Schnur. Stimmt. Aber vielleicht ist hier noch etwas anderes gemeint: Gott will in eurem Bunde der Dritte sein.

Ich habe auch diese dritte Schnur mitgebracht. Es ist nicht einfach noch einmal eine Schnur wie die anderen. Es ist ein Bowdenzug vom

Fahrrad. Deswegen lassen wir das auch mal bleiben mit der Zerreißprobe hier. Ein kleines Drahtseil – das soll die Bedeutung dieser Schnur hier unterstreichen: Gott ist es, der eurer Beziehung, eurer Ehe Festigkeit verleihen will. Hängt euch an ihn. Hängt eure Ehe an seine Treue und Beständigkeit. Bittet ihn darum, dass eure Liebe Bestand hat, dass sie jeden Tag erneuert wird.

# 21. „Sticheln" – *Der Loser gewinnt*

**Text:** Die Liebe ist langmütig und freundlich, die Liebe eifert nicht, die Liebe treibt nicht Mutwillen, sie bläht sich nicht auf, sie verhält sich nicht ungehörig, sie sucht nicht das Ihre, sie lässt sich nicht erbittern, sie rechnet das Böse nicht zu, sie freut sich nicht über die Ungerechtigkeit, sie freut sich aber an der Wahrheit, sie erträgt alles, sie glaubt alles, sie hofft alles, sie duldet alles. (1. Kor 13,4-7)

**Gegenstand/Geschenk:** Die beiden Brautleute waren schon vor der Hochzeit Freunde von uns, und ein gemeinsames Interesse von uns vieren waren Gesellschaftsspiele. Deswegen habe ich den beiden eins geschenkt, das sie noch nicht kannten, und mich in der Ansprache darauf bezogen. Ausgangspunkt ist der Name des Spiels: „Sticheln" und die „Ärgerfarbe", die dabei eine Rolle spielt. Das Spiel ist heute leider nur noch gebraucht zu bekommen. Ich habe bei Ebay 3 Euro dafür bezahlt. Aber auch das klassische Mensch-ärger-dich-nicht lässt sich als Grundlage der Ansprache gut verwenden.

**Ansprache:**

*Liebe Claudia, lieber Harry, liebe Gäste!*

„Yesterday love was such an easy game to play ...“, so sangen die Beatles vor rund dreißig Jahren. Eines meiner Lieblingslieder. Nur eines hat mich an dem Song immer schon gestört, eben diese Zeile: „Love was such an easy game to play“ – „Liebe ist ein leichtes Spiel“. Das stimmt nicht, Liebe ist kein Spiel. Vielleicht ist sie das mit siebzehn noch, wenn man eben so ein bisschen mit der Liebe herumspielt. Aber mit Liebe hat das nicht viel zu tun.

Also sollte man Liebe und Spielen besser sauber voneinander trennen. Genau das tut ihr beide ja auch, ihr seid regelrechte Spiel-Freaks. Es gibt kaum ein Spiel, das ihr nicht kennt, und dass ich doch eins gefunden habe für euch zwei, ist wohl eher Zufall. Wir haben ja auch schon einen Spieleabend miteinander verbracht – ich hoffe, es war nicht der letzte –, und es ist schon interessant zu sehen, wie Liebende auf dem Spielfeld zu Gegnern werden. Keiner soll sagen, Spielen sei keine ernste Angelegenheit. Das Spiel hat einen eigenen Ernst, und der ist zum Glück wieder vorbei, wenn das Spiel vorüber ist. Sich diesem Ernst des Spiels auszusetzen, ohne dabei verbissen zu werden, das ist – denke ich – eine gute Übung für jede Beziehung. Man entdeckt auch in sich und im anderen ungeahnte Seiten der Persönlichkeit. Aber, wie gesagt, man muss da sauber trennen: hier Spiel, da Liebe.

Hier also das Spiel, von dem ich erzählt habe: Es heißt „Sticheln“. Das Ganze ist eine Art primitiver Skat. Jeder muss möglichst viele Stiche machen und möglichst viele Punkte sammeln. So weit ganz einfach, wäre da nicht die „Ärgerfarbe“. Jeder hat eine persönliche Ärgerfarbe, die er sich zu Anfang des Spiels selbst aussucht, und die Punkte, die man in seiner persönlichen Ärgerfarbe kassiert, zählen nachher als Minuspunkte. Ziel des Spieles ist es dann folglich, nicht nur selbst Punkte zu hamstern, sondern den Mitspielern möglichst hohe Karten in deren Ärgerfarben reinzuwürgen. Also genau wie im richtigen Leben.

Ich habe euch beide ja auch nach eurer „persönlichen Ärgerfarbe“ gefragt. Dich, Claudia, ärgert es, wenn der Harry wohlmeinend deine Sachen „wegräumt“ (mit Betonung auf „weg-“) – du findest sie dann mit Sicherheit nicht wieder. Dich, Harry, ärgert es umgekehrt, wenn die Claudia großzügig ihre Sachen über die Wohnung verteilt, und du weißt schon, was du dann machst ...

So viel zu persönlichen Ärgerfarben. Aber wir wollten ja von der Liebe reden, und die ist kein Spiel, so sagten wir. Ein wichtiger Unterschied ist z.B.: Bei der Liebe gibt es keine festen Spielregeln. Liebe ist etwas Lebendiges, und das lässt sich nicht in Regeln pressen. Man könnte eher umgekehrt sagen, dass die Liebe selbst eine Art Regel ist – wenn auch eine sehr allgemeine. Eine Regel für das Leben nämlich, besonders für das Zusammenleben von zwei Menschen. Das Leben, die Ehe hat auch ihren besonderen Ernst, so wie jedes Spiel seinen Ernst hat. Mit dem Unterschied, dass man beides nicht beenden kann oder zumindest sollte. „Bis der Tod euch scheidet ..." Wie diese allgemeine Regel für das Leben, für die Ehe, wie die Liebe dann etwas konkreter aussieht, das sagt uns euer Trautext:

„Die Liebe ist langmütig und freundlich, die Liebe eifert nicht, die Liebe treibt nicht Mutwillen, sie bläht sich nicht auf, sie verhält sich nicht ungehörig, sie sucht nicht das Ihre, sie lässt sich nicht erbittern, sie rechnet das Böse nicht zu, sie freut sich nicht über die Ungerechtigkeit, sie freut sich aber an der Wahrheit, sie erträgt alles, sie glaubt alles, sie hofft alles, sie duldet alles."

Wenn man diese „Regeln" nicht im Gefühlsdusel eines so schönen Tages wie heute betrachtet, sondern im harten Licht des Alltags, dann sieht man: Sie sind ganz schön streng. Nicht hart durchgreifen, wenn der andere seinen Spielzug verpasst hat – „Die Liebe ist langmütig und freundlich, die Liebe eifert nicht." Nicht auf Gedeih und Verderb das eigene Spiel durchziehen und sich wie der King fühlen, wenn man es durchbringt – „Die Liebe treibt nicht Mutwillen, sie bläht sich nicht auf." Nicht vor Wut kochen und Rache schwören, wenn der andere einem die Ärgerfarbe serviert oder am Ende gar gewinnt – „Die Liebe lässt sich nicht erbittern, sie rechnet das Böse nicht zu." Nicht sich hämisch freuen, wenn der andere eine Karte reingewürgt bekommen hat – „Die Liebe freut sich nicht über die Ungerechtigkeit."

Das klingt jetzt hier in der Sprache des Spiels ausgedrückt recht drastisch und übertrieben – natürlich wollt ihr in der Beziehung den anderen nicht unterbuttern; natürlich freut ihr euch nicht, wenn der andere eins draufkriegt. Doch im Alltag zeigt sich, dass es unheimlich schwer ist, diese „Regel" Liebe durchzuhalten. Dass unsere Kraft zu lieben im Zweifelsfall schnell am Ende ist. Dass wir auch in einer so engen Beziehung schnell wieder – ja, in das andere Spiel verfallen. Das andere Spiel, das sonst überall auf der Welt gespielt wird, und das heißt: „Ich bin groß, und du bist klein, und ich zeig's dir!" Dieses Spiel wird in der Politik andauernd gespielt, unser Wirtschaftssystem beruht geradezu auf diesem Spiel, und in menschlichen Beziehungen ist es auch sehr beliebt. Das Schlimme an diesem Spiel ist, dass am Ende alle verlieren und dass viele das zu spät merken. Das sind dann die wahren Verlierer, die meinen, Sieger zu sein.

Bei der Liebe ist das gerade umgekehrt. Ziel dieses „Spiels", von dem euer Trautext redet, ist es, den anderen gewinnen zu lassen. Ihm zu zeigen: Du bist für mich der Größte. Ich achte dich. Ich freue mich, wenn dir ein guter Zug gelingt. Ich vergebe dir gerne, wenn du mir wieder eine Ärgerfarbe serviert hast. Ich kann zu dir kommen und um Verzeihung bitten, wenn ich dich geärgert habe. Ich habe Geduld, wenn du mal nicht so mitspielst, wie ich mir das vorgestellt habe. Wichtiger als zu gewinnen ist mir, dass wir gut zusammenspielen, dass wir harmonieren. Ich möchte dir ganz vertrauen. Ich liebe dich. – So werden am Ende beide gewinnen, weil sie beide den anderen gewinnen lassen wollen.

Ich kenne einen, dessen ganzes Leben war darauf ausgerichtet, andere Menschen gewinnen zu lassen. Er hat die Menschen wirklich geliebt. Sein Name lässt sich mühelos dort einsetzen, wo in eurem Trautext „die Liebe" steht: Jesus ist langmütig und freundlich, Jesus sucht nicht das Seine, er lässt sich nicht erbittern, er rechnet das Böse nicht zu, er erträgt alles, er hofft alles, Jesus duldet alles. Und deswegen sah er am Schluss aus wie der „Loser", der große Verlierer.

Als er wehrlos am Kreuz hing, verspottet von denen, die seine Liebe nicht verstanden. Doch Gott hat aus dem scheinbaren Verlierer am dritten Tag einen großen Gewinner gemacht. Er will auch uns zu solchen Gewinnern, zu solchen Siegern machen. Wenn wir Jesus als Spielführer für unser Leben annehmen. Folgt ihm nach, so werdet ihr wirkliche Liebe finden.

# 22. Eiche und Zypresse

## *Lasst Raum!*

**Text:** Der Herr ist mein Hirte, mir wird nichts mangeln ... Er führt mich auf rechter Straße ... du bist bei mir ... du schenkst mir voll ein ... Gutes und Barmherzigkeit werden mir folgen mein Leben lang. (Ps 23)

**Gegenstand/Geschenk:** Khalil Gibrans Buch „Der Prophet" ist ein Schatzkästchen, aus dem ich schon manches Kleinod genommen habe – egal ob für eine Taufe, Hochzeit oder Beerdigung. Das Bild vom Eichbaum und der Zypresse, die zusammenstehen, doch nicht in des andern Schatten, drückt auf anschauliche Weise aus, wie man in einer Ehe das Verhältnis von Nähe und Distanz bestimmen soll. Das Brautpaar hatte in seiner Geschichte beides erlebt: große Distanz und große Nähe – und dabei offenbar ein gesundes Verhältnis gefunden.

Wenn das Brautpaar einen eigenen Garten hat, kann man die beiden Pflanzen jeweils in einem Topf schenken. Sonst leiht sie der Gärtner sicher gerne aus – besonders wenn man einen Gutschein als Geschenk für das Brautpaar kauft. Auch das Buch von Gibran ist ein schönes Geschenk (z.B. Khalil Gibran, Der Prophet, mit Illustrationen von Hassan Massoudy, dtv, EUR 5,–).

**Ansprache:**

*Liebe Dorothea, lieber Andreas, liebe Gäste!*

Wenn man sich so lange kennt wie ihr beiden, dann hat man schon manches mitgemacht. Höhen und Tiefen, Freud und Leid, Vertrautheit und Entfremdung. Eine Erfahrung, die ihr beiden gemeinsam gemacht habt, ist die von Nähe und Distanz.

Distanz – vierzehn Tage, nachdem ihr beiden euch etwas näher kennen gelernt hattet, musstest du, Andreas, schon in die Kaserne einrücken. Siebzig Kilometer eine Richtung, das ist schon eine Distanz! Einmal oder manchmal sogar ein zweites Mal für ein paar Stunden in der Woche überbrückt. Eine Wochenendbeziehung von Anfang an, zumal du, Dorothea, ihn am Wochenende auch noch mit dem Fußball teilen musstest. Eine solche Distanz – gerade am Anfang einer Beziehung – ist eine Belastung, die nicht jede Freundschaft aushält. Ihr habt in dieser Zeit näher zueinander gefunden, mancher Brief wurde in der Zeit hin und her geschickt.

Nähe – nach deiner Bundeswehrzeit seid ihr beiden sehr schnell zusammengezogen in die kleine Wohnung, in der ihr heute noch wohnt. Mit den Jahren werden einem die knapp sechzig Quadratmeter dann doch etwas eng, man hat keinen Platz, sich einmal aus dem Weg zu gehen, hockt enger aufeinander, als einem manchmal lieb ist. Ihr seid euch in dieser Zeit auch innerlich einander noch näher gekommen, habt gelernt, dem anderen auch einmal Raum zu geben, Freiraum für sich selbst.

Nähe und Distanz – auch unabhängig von der tatsächlichen physikalischen Nähe, siebzig Kilometer oder sechzig Quadratmeter –, das ist für viele Paare keine einfache Sache. Oft will der eine mehr Nähe, als der andere (im Augenblick) ertragen kann. Manchmal braucht der andere mehr Distanz, als dem Ersten lieb ist. Wie bestimmen wir das Verhältnis von Nähe und Distanz in unserer Beziehung?

Ich habe hier zwei kleine Bäumchen mitgebracht: eine Eiche und eine Zypresse. Diese beiden Pflanzen haben eine symbolische Bedeutung. Ich möchte euch einen Abschnitt vorlesen aus einem Buch. Khalil Gibran, ein religiöser Dichter aus dem Libanon der ersten Hälfte des 20. Jahrhunderts, hat es geschrieben. Ein Abschnitt handelt von der Ehe:

„Lasset Raum zwischen eurem Beieinandersein. Und lasset Wind und Himmel tanzen zwischen euch. Liebet einander, doch macht die Liebe nicht zur Fessel. Steht beieinander, doch nicht zu nahe beieinander, denn Eichbaum und Zypresse wachsen nicht im gegenseit'gen Schatten."

„Steht beieinander, doch nicht zu nahe beieinander, denn Eichbaum und Zypresse wachsen nicht im gegenseit'gen Schatten." – Gerne hätte ich euch diese beiden Bäumchen geschenkt, doch noch fehlt ja der eigene Garten. Deswegen bekommt ihr einen Gutschein vom Gärtner.

Diesen Abstand in jedem Moment richtig zu bestimmen, dazu möchte euch euer Trauspruch helfen. Ihr habt ihn selbst ausgesucht, und es war dein Konfirmationsspruch, Andreas.

Es ist der 23. Psalm. Ich möchte nur wenige Verse aus diesem Vertrauenslied herausgreifen.

„Der Herr ist mein Hirte, mir wird nichts mangeln. Er führt mich auf rechter Straße. Du bist bei mir. Du schenkst mir voll ein. Gutes und Barmherzigkeit werden mir folgen mein Leben lang."

Dieses Lied vom guten Hirten ist vielen vertraut. In leicht verständlichen Bildern drückt es ein großes Vertrauen aus zu diesem Gott, der für mich, für euch sorgt. Vertrauen zu diesem Gott, der mich, der euch führt. Vertrauen zu diesem Gott, der mitgeht – ich bin bei dir, ich bin bei euch. Ich weiß nicht, ob ihr Gott in eurem Leben so erfahren habt. Aber euer Trauspruch sagt euch das heute zu, dass Gott so ist und dass er gerade zu euch so sein will.

Und eben dieser Gott, der möchte heute mit euch einen Bund schließen. Der möchte, dass ihr ihn als Dritten aufnehmt in euren Ehebund. Denn das ist der beste Weg, die Entfernung zwischen euch gerade richtig zu halten. Nicht zu nahe und nicht zu fern.

Nehmt ihn in eure Mitte. Lasst ihn den Raum zwischen euch füllen. Lasst ihn, wie es der Dichter ausdrückt, „zwischen euch tanzen". Dann stimmt die Entfernung. Dann braucht ihr auf der einen Seite keine Angst zu haben, dass euch der Raum zwischen euch trennt, denn Gott füllt ihn aus. Im Gegenteil: Gott kann euch zusammenhalten, wie weit ihr auch äußerlich getrennt sein mögt. Auf der anderen Seite könnt ihr mit Gott in eurer Mitte aber auch nicht zu eng zusammenstehen. Gott füllt den Raum zwischen euch, aber er nimmt den Raum nicht weg. Wo ihr Gott in eure Mitte lasst, da ist Weite, da ist Raum. Raum auch für andere Menschen, die euch brauchen.

Als ich vor etlichen Jahren in England gearbeitet habe, in einem Freizeitheim der Kirche, da kam eines Tages ein ganz frisch verheiratetes Paar, um auch mitzuarbeiten. Nun hätte jeder erwartet, dass die beiden viel Zeit füreinander gebraucht hätten – schließlich waren dies ihre Flitterwochen. Doch das Gegenteil war der Fall: Wie sonst kaum jemand hatten die beiden ein offenes Ohr für die Sorgen und Nöte der anderen Mitarbeiter. Ich habe die beiden dann einmal nach ihrem Geheimnis gefragt. Da hat sie ihren Ehering vom Finger gezogen und mir die Gravur im Inneren des Rings gezeigt: Es war ein winziger Eichbaum mit einer Zypresse daneben.

Ich wünsche euch das: dass ihr wie Eiche und Zypresse nahe beieinander stehen könnt, doch nicht zu nahe. Dass ihr Raum habt für andere, ein offenes Ohr. Vor allem, dass ihr Gott in eure Mitte nehmt und so immer wieder Nähe und Distanz richtig bestimmen könnt. Er will für euch sorgen und mit euch sein.

# 23. Hebammen-Hörrohr

## *Auf den Herzschlag des anderen hören*

**Text:** Die Liebe ist langmütig und freundlich, die Liebe eifert nicht, die Liebe treibt nicht Mutwillen, sie bläht sich nicht auf, sie verhält sich nicht ungehörig, sie sucht nicht das Ihre, sie lässt sich nicht erbittern, sie rechnet das Böse nicht zu, sie freut sich nicht über die Ungerechtigkeit, sie freut sich aber an der Wahrheit, sie erträgt alles, sie glaubt alles, sie hofft alles, sie duldet alles. (1. Kor 13,4-7)

**Gegenstand/Geschenk:** Dies war die erste und bisher einzige Hebamme, die ich getraut habe. Das Hörrohr hatte sie in ihrer Handtasche bei sich, sie nahm es heraus, als sie etwas anderes suchte, und ich habe sie gefragt, was das sei. Ihre Erklärung war der Anstoß für diese Ansprache. Das Bild eignet sich für alle Paare, bei denen einer der beiden Partner etwas mit Entbindungen zu tun hat, es lässt sich aber auch allgemein anwenden. Als Alternative kann man auch ein Stethoskop nehmen, wie es jeder Arzt benutzt. Auch andere Trautexte kann man damit verbinden, v.a. wenn das Stichwort „Liebe“ vorkommt.

Vielleicht kann man ein solches Hörrohr schenken, auf das man den Trauspruch mit dem Brennpeter eingebrannt hat. Oder: Ein Stethoskop aus einem Kinder-Arztkoffer könnte tragendes Element eines

Mobiles sein, an dem außer dem Trauspruch dann noch gute Wünsche der Gäste hängen. Oder man füllt den dazugehörigen Arztkoffer mit kleinen (symbolischen) Geschenken oder findet nette Erklärungen zu den anderen Gegenständen, die schon darin sind. Ein entsprechendes Schild, außen am Koffer angebracht, zeichnet ihn als besonders wichtigen Gegenstand aus: „Ehe-Notkoffer" o. Ä.

**Ansprache:**

*Liebe Kirstin, lieber Martin, liebe Gäste!*

„Zufall ist, was uns von Gott zufällt." Ich glaube, in diesem Sinn kann man von „Zufall" reden, wenn man eure Geschichte hört: In der Disco habt ihr euch kennen gelernt, obwohl ihr sonst keine so großen Disco-Gänger seid. Du, Kirstin, wolltest etwas mit einer Freundin unternehmen, die gerade eine Trennung hinter sich hatte. Und du, Martin, warst eigentlich schon gar nicht mehr da, kamst nur noch einmal zurück, um etwas nachzuschauen. Tja, und dann kam es zu dieser schicksalhaften Begegnung, zu deren Folgen dieser Festtag heute gehört, und wer weiß, was da noch alles kommt. Also „Zufall" – was uns von Gott zufällt. Ich denke nach unserem Gespräch, ihr könnt das genauso sehen wie ich.

So hat Gott eure Herzen einander „zufallen" lassen. Ihr kanntet euch noch gar nicht sehr lange, da war euch schon klar: Wir gehören zusammen. Wir passen gut zusammen, wir verstehen uns gut. Wir haben uns lieb.

Wenn zwei sich kennen und lieben lernen, von denen einer Hühner sammelt und der andere Gänse, dann ist das sicher kein Zufall, bzw. eben doch „Zufall" in dem Sinn, wie ich es anfangs beschrieben habe: was uns von Gott zufällt. Ein unverdientes Geschenk von Gott. Die Liebe ist ein solches unverdientes Geschenk von Gott. Gott ist sozusagen der „Erfinder" der Liebe, und dass sie uns so trifft, so „zufällig" trifft, dass zwei Herzen einander „zufallen" – das ist sein Geschenk.

Über Liebe haben wir uns eine Weile unterhalten. „Was ist denn das, Liebe?", habe ich euch gefragt. – „Zum andern stehen", habt ihr geantwortet, „auch in schlechten Zeiten, wenn der andere zum Beispiel krank ist." „Über alles reden können, das ist Liebe", habt ihr weiter gesagt. „Liebe ist, wenn ich mich auf sie freue, wenn sie nach der Spätschicht nach Hause kommt“, hast du hinzugefügt, Martin. „Und umgekehrt: dass ich mich freue, wenn du kommst“, hast du ergänzt, Kirsten.

Liebe – mir hat gefallen, was ihr über die Liebe gesagt habt. Und nicht nur, was ihr gesagt habt, auch wie ihr's gesagt habt und wie ihr euch dabei angeschaut habt. Ja, habe ich gedacht, das ist Liebe.

Liebe – euch hat gefallen, was Paulus zu diesem Thema meint. Deswegen habt ihr euch euren Trautext aus dem so genannten „Hohenlied der Liebe“ ausgesucht, dem 13. Kapitel des 1. Kor:

„Die Liebe ist langmütig und freundlich, die Liebe eifert nicht, die Liebe treibt nicht Mutwillen, sie bläht sich nicht auf, sie verhält sich nicht ungehörig, sie sucht nicht das Ihre, sie lässt sich nicht erbittern, sie rechnet das Böse nicht zu, sie freut sich nicht über die Ungerechtigkeit, sie freut sich aber an der Wahrheit, sie erträgt alles, sie glaubt alles, sie hofft alles, sie duldet alles.“

Da steckt ja eine ganze Menge drin über die Liebe. Eines wird dabei klar: Die Latte für diese Liebe, von der Paulus hier spricht, die liegt ziemlich hoch. Diesem Bild von Liebe, das hier entworfen wird, werden wir selten einmal gerecht. Und doch spüren wir: Ja, so muss die Liebe sein, so will ich dich lieben. So muss Gott die Liebe gemeint haben, als er sie irgendwann einmal erfand und anfing, sie den Menschen zu schenken. Liebe ganz im Sinne des Erfinders.

Ich habe heute einen kleinen Gegenstand mitgebracht. Ich bin mir nicht sicher, ob sehr viele hier – außer dir, Kirstin und vielleicht einer Kollegin – wissen, was das ist. Damit macht man keine Musik, damit hört man. Herztöne nämlich. Die Herztöne eines ungeborenen Kindes. Ein Hörrohr also. Selbst im Zeitalter des Hi-Tech fehlt es in keiner Hebammen-Tasche.

Ich habe dieses Hörrohr als Symbol mitgebracht, als Symbol für die Liebe. „Die Liebe sucht nicht das Ihre“, schreibt Paulus. Die Liebe sucht nicht in erster Linie das eigene Glück, sondern das Glück des andern. Daran will dieses Hörrohr erinnern. Ihr sollt es immer wieder – im übertragenen Sinn natürlich – an das Herz des anderen halten und ganz genau hinhorchen: Womit kann ich ihn glücklich machen? Was geht wirklich in ihr vor? Was braucht er, was braucht sie jetzt?

Vielleicht muss ich ihn eine Weile in Ruhe lassen – „Die Liebe ist langmütig.“

Vielleicht braucht sie jetzt ein gutes Wort – „Die Liebe ist freundlich."

Oder es ist wichtig, Versöhnung zu suchen – „Die Liebe rechnet das Böse nicht zu."

Vielleicht ist auch ein klärendes, ein störendes Wort der Wahrheit dran – „Die Liebe freut sich an der Wahrheit."

Oder ein aufmunterndes Wort, das Hoffnung macht, das sagt: Ich glaube an dich – „Die Liebe glaubt alles, sie hofft alles."

Um das herauszuhören, herauszuspüren, was der andere wirklich braucht, da ist schon ein besonders feines Gehör, ein sehr gutes Gespür nötig. Dafür steht dieses kleine Hörrohr. „Man sieht nur mit dem Herzen gut", heißt es im Kleinen Prinzen. Wir müssten hier entsprechend sagen: „Man hört nur mit dem Herzen gut."

Lasst euch ein auf Gott, den Erfinder der Liebe. Lasst euch ein auf Gott, der eure Herzen durch das Geschenk der Liebe berührt hat. Lasst euch ein auf Gott, der eure Herzen immer mehr verändern möchte, sodass der Liebe auch in den „schlechten Tagen" nicht der Atem ausgeht. Lasst euch ein auf Gott, der euch lehren möchte, mit dem Herzen zu sehen und zu hören. Er will eure Liebe und eure Ehe segnen – egal, was der Zufall noch so bringt.

# 24. Buddelschiff – *Gottes gute Winde*

**Text:** Gott hat uns nicht gegeben den Geist der Verzagtheit, sondern der Kraft und der Liebe und der Besonnenheit. (2. Tim 1,7)

**Gegenstand/Geschenk:** Aus dem Urlaub hatte ich ein ganz kleines Buddelschiff mitgebracht, einen historischen Dreimaster. Das Brautpaar muss nicht unbedingt einen Bezug haben zum Segeln und auch keine Kreuzfahrt als Hochzeitsreise geplant haben. Das problematische Bild vom „Hafen der Ehe“ genügt als Ausgangspunkt völlig. Das Paar hatte durch die Wahl des Trauspruchs – fernab vom Alltäglichen – gezeigt, dass die beiden sich viele Gedanken gemacht hatten übers Zusammenleben in der Ehe und über gemeinsame Lebensziele.

Ein solches Buddelschiff ist als Geschenk sehr hübsch, egal in welcher Größe. Im Internet finden sich mancherlei Angebote, z.B. unter:
www.geschenke/klick.de/maritim/buddelschiffe_im_flachmann.html

**Ansprache:**

*Liebe Christina, lieber Andreas, liebe Gäste!*

Es gibt Ausdrücke unserer deutschen Sprache, die gefallen mir nicht. Etwa der vom „Hafen der Ehe“, in den man hoffentlich irgendwann einläuft. Nun spricht man zwar tatsächlich vom „Hafen der Ehe“, und man meint damit, dass eine gewisse Unruhe und Unsicherheit beendet ist, sobald sich zweie fest aneinander binden. Aber wer das getan hat, wer sich so fest gebunden hat, wie ihr zwei das heute tut, der merkt sehr schnell: Er hat diese Unruhe und Unsicherheit nur eingetauscht gegen eine andere Unruhe und Unsicherheit. Und das ist auch gut so.

Meine Erfahrung sagt: Die Ehe ist kein sicherer Hafen. Sondern: Sich auf eine Ehe einlassen, das bedeutet gerade, alle sicheren Häfen hinter sich zu lassen und hinauszufahren auf das offene Meer. Zum Zeichen dafür habe ich euch aus unserem Urlaub einen kleinen Dreimaster mitgebracht, den könnt ihr zu Hause ins Wohnzimmer stellen und ab und zu an euren Trauspruch denken.

Auf diese Weise vieles hinter sich zu lassen, auch ein Stück des eigenen Lebens, des eigenen Lebensplans hinter sich zu lassen und sich ganz auf den anderen einzulassen, das ist schon ein Wagnis. Immerhin soll es ja keine Spritztour sein, sondern die Reise eures gemeinsamen Lebens. Dieses Wagnis wollt ihr beiden nun eingehen. Und ihr wollt es eingehen im Vertrauen auf Gott und seinen Segen – sonst wärt ihr heute nicht hierher gekommen.

Ich möchte zu euch reden über Winde: über einen schlechten Wind, der sicher nicht von Gott kommt, und über drei gute Winde, die euch von Gott her zuwehen. Diese Winde kommen in eurem Trauspruch vor, den ihr euch ausgesucht habt:

„Gott hat uns nicht gegeben den Geist der Verzagtheit, sondern der Kraft und der Liebe und der Besonnenheit.“

Vom Geist Gottes ist die Rede. Gott hat seinen Geist allen Christen gegeben. Das heißt allen, die an ihn glauben, die auf Jesus vertrauen, die ihm nachfolgen wollen im Leben.

Nun gibt es – und das ist interessant – in der Bibel ein gemeinsames Wort für „Geist“ und „Wind“. Von Gottes Geist heißt es, dass er „weht“, wo er will. Der Geist Gottes ist also etwas sehr Dynamisches, etwas, das uns Menschen in Bewegung setzen will. Deswegen habe ich gesagt, ich möchte zu euch reden über verschiedene Winde, die das Schiff eurer Ehe in verschiedene Richtungen blasen können.

Der erste Wind, von dem hier die Rede ist, ist ein schlechter Wind. Es ist der „Wind der Verzagtheit“. Er kommt nicht von Gott. „Gott hat uns nicht gegeben den Geist der Verzagtheit.“ Dieser Wind ist immer Gegenwind, er weht euch entgegen und will euch zurücktreiben in den Hafen der vermeintlichen Sicherheit. Ihr habt am Anfang eurer Beziehung ja auch etwas Gegenwind zu spüren bekommen, der euch von eurer Fahrt auf das offene Meer abhalten sollte: Den Eltern war die neue Freundin zunächst nicht so ganz recht – immerhin war sie evangelisch. Und auch ihr selbst hattet ein paar Anlaufschwierigkeiten. Ihr habt euch aber nicht entmutigen lassen. Und so habe ich bei euch viel Mut entdeckt für die Fahrt, die vor euch liegt. Der „Wind der Verzagtheit“ hat sich im Moment also gelegt. Was nicht heißt, dass er nicht irgendwann wieder auffrischen könnte.

Nun soll aber von den drei guten Winden die Rede sein, die allesamt von Gott kommen, dem Wind der Kraft, der Liebe und der Besonnenheit.

1. Der „Wind der Kraft“. Auch wenn am Anfang einer Beziehung alles so leicht und beschwingt erscheint – die Ehe ist eine Sache, für die man eine Menge Kraft benötigt. Aus zwei getrennten Willen einen gemeinsamen zusammenzuschmieden kostet viel Kraft, immer wieder. Dem anderen zu verzeihen oder ihn um Verzeihung bitten, wenn es gekracht hat – bei euch ja noch nie ernsthaft –, das kostet Kraft. Den anderen mit seinen Eigenheiten zu tragen und zu ertragen, ohne ihn nach meinem Wunschbild umformen zu wollen, das kostet Kraft. Dem anderen treu zu bleiben, wenn die erste Liebe und die Attraktivität des anderen irgendwann einmal weg sind, das kostet viel Kraft. Wir sind angewiesen auf diesen guten Geist Gottes, der uns Kraft geben will. Die Segel nach diesem Wind zu setzen ist einfach: Wir bitten Gott um seinen Geist, um seine Kraft.

2. Der „Wind der Liebe“. Dieser Wind bläst erfahrungsgemäß am Anfang recht stark, und da heißt es „Volle Kraft voraus“, wenn man so richtig schön verliebt ist. Doch auf den frischen Wind der Verliebtheit folgt dann oft eine Flaute. Ihr habt es so gesagt: „Am Anfang lässt man alles stehen und liegen, um mit dem anderen zusammen zu sein. Und später, da bleibt man schon mal selbst liegen, wenn der andere etwas will.“ Vor solchen Flauten kann man nicht sicher sein. Setzt die Segel nach dem Geist Gottes, der der Geist der

Liebe ist. Bittet ihn um seine Liebe, die euch hilft, treu zu sein. Dankt ihm für das große Geschenk eurer Freundschaft und eures Vertrauens zueinander.

3. Der letzte gute Wind ist der „Wind der Besonnenheit". Früher stand da im Luthertext: „Zucht", das ist etwas aus der Mode gekommen. Aber ganz verkehrt ist es nicht. Ein besseres Wort ist vielleicht „Selbstdisziplin" in Verbindung mit „Verstand". Das heißt, das Gelingen eurer Ehe hat mehr mit eurem Willen zu tun als mit euren Gefühlen. Den anderen zu „lieben und zu ehren, bis der Tod euch scheidet", dazu bedarf es viel guten Willens: Bittet Gott darum. Und wisst: Er hat einen guten Willen für euch.

„Gott hat uns nicht gegeben den Geist der Verzagtheit, sondern der Kraft und der Liebe und der Besonnenheit." Richtet eure Segel aus nach diesen drei Winden: Kraft, Liebe, Besonnenheit. Vor allem dann, wenn der Wind der Verzagtheit eure Lebensreise bedrohen will.

# 25. Händeabdruck in Ton

## *Gott nimmt euch bei der Hand*

**Text:** So ist's ja besser zu zweien als allein; denn sie haben guten Lohn für ihre Mühe. Fällt einer von ihnen, so hilft ihm sein Gesell auf. Weh dem, der allein ist, wenn er fällt! Dann ist keiner da, der ihm aufhilft. Auch wenn zwei beieinander liegen, wärmen sie sich, wie kann ein Einzelner warm werden? Einer mag überwältigt werden, aber zwei können widerstehen, und eine dreifache Schnur reißt nicht leicht entzwei. (Prd 4,9-12)

**Gegenstand/Geschenk:** Die Brautleute kamen mit dem Spruch von Ken Grant über die Hände zu mir – das war der Ausgangspunkt meiner Überlegungen. Als Geschenk bekamen sie von mir dann den Abdruck ihrer beiden ineinander gelegten Hände in einer Tontafel. Aus gewöhnlichem Ton, wie man ihn in Bastelgeschäften bekommt, habe ich eine ovale Scheibe von etwa 25 cm Breite und knapp 2 cm Dicke vorbereitet. Direkt nach der Einsegnung legten die beiden ihre noch ineinander gelegten Hände auf diese Scheibe, und ich habe ziemlich fest draufdrücken müssen, bis man den Abdruck mit den Ringen deutlich sah. Mit einem Strohhalm habe ich oben in der Mitte ein Loch zum Aufhängen gemacht. Im Brennofen der Schule konnte ich den Ton brennen, und ein befreundeter Töpfer schließlich hat für wenig Geld die Scheibe weiß glasiert und die Namen sowie das Datum mit blauer Glasur um den Abdruck geschrieben – ein etwas aufwändiges, aber auch sehr persönliches Geschenk.

**Ansprache:**

*Liebe Bettina, lieber Christophe, liebe Gäste!*

Daran hat ja wirklich kaum einer mehr geglaubt: dass ihr beiden noch einmal heiraten geht. Seit zwölf Jahren seid ihr jetzt ein Paar, und schon vorher wart ihr einmal befreundet; du warst da gerade mal fünfzehn, Bettina. Tja, und heute ist es so weit. Für euch jedenfalls heute und nicht gestern. Denn obwohl der 22. Juli in eure Ringe eingraviert ist, zählt für euch der heutige Tag mehr als der gestrige, die Kirche mehr als das Standesamt. Der 23. Juli soll in eure Herzen eingraviert sein und bleiben.

Zwölf Jahre – das ist eine lange Zeit. Da macht man was mit miteinander. Da hat man Höhen und Tiefen gemeinsam durchlebt, helle Tage und dunkle Nächte. Da kennt man sich. Da weiß man um Licht- und Schattenseiten des anderen. Da ist man selbst gewachsen und gereift in all den Jahren. Da ist auch die Liebe gereift. Und gewachsen. So habt ihr das selbst gesagt: Es ist schöner geworden, tiefer, besser. Ruhiger, aber eben auch tiefer. Das ist schön.

„Nimm meine Hand, und egal wie dunkel die Nacht auch sein mag, das Tageslicht wird kommen, und wir werden den Morgen gemeinsam erleben" (Ken Grant). Diesen Spruch habt ihr euch ausgewählt für den heutigen Tag und für alle weiteren Tage eures Lebens. Der Spruch steht nicht in der Bibel und ist daher als Trauspruch im engeren Sinn nicht geeignet. Aber das macht nichts. Er ist schön, und er ist wahr, und er steht in keinerlei Widerspruch zu dem, was in der Bibel steht. Und er passt gut zu dem Text, den ihr euch dann auch noch als „offiziellen" Trauspruch ausgesucht habt:

„So ist's ja besser zu zweien als allein; denn sie haben guten Lohn für ihre Mühe. Fällt einer von ihnen, so hilft ihm sein Gesell auf. Weh dem, der allein ist, wenn er fällt! Dann ist keiner da, der ihm aufhilft. Auch wenn zwei beieinander liegen, wärmen sie sich, wie kann ein Einzelner warm werden? Einer mag überwältigt werden, aber zwei können widerstehen, und eine dreifache Schnur reißt nicht leicht entzwei." (Prd 4,9-12)

Hier spricht auch jemand aus Erfahrung. Ganz nüchtern ist das, was er zu sagen hat: „So ist's ja besser zu zweien als allein." Klar: Zu zweit geht es besser als allein. Es ist manchmal anstrengender, aber es ist einfach besser. Vor allem dann, wenn die rosarote Brille in der Ecke landet, wenn die Geigen im Himmel verstummen, wenn die Schmetterlinge im Bauch sich auch mal ein anderes Betätigungsfeld suchen. Liebe kann manchmal sehr prosaisch sein. Nüchtern. Aber deswegen nicht weniger schön, nicht weniger wichtig. Wenn zwei zusammenhalten, egal was kommt, dann ist das, ja, etwas ganz Wunderbares.

„Nimm meine Hand, und egal wie dunkel die Nacht auch sein mag, das Tageslicht wird kommen, und wir werden den Morgen gemeinsam erleben." – Zusammenhalten, die Hand des anderen festhalten. Ich weiß nicht, ob ihr beiden euch noch erinnert, wie das war, als ihr zum ersten Mal „Händchen gehalten" habt. Als eure Hände sich zum ersten Mal berührt haben, verstohlen vielleicht, vorsichtig tastend, eine Berührung, die erotischer war als vieles, was später kam. Nimm meine Hand ...

Und dann später, wenn ihr spazieren gingt und der Weg, auf dem ihr unterwegs wart, unwillkürlich zum Sinnbild wurde für euren gemeinsamen Lebensweg, da habt ihr manches Mal die Hand des anderen fester in die Hand genommen, und der andere hat gespürt: Wir gehören zusammen, wir wollen unseren Weg gemeinsam gehen – komme, was da wolle. Nimm meine Hand ...

Dem anderen die Hand geben – das ist gerade dann wichtig, wenn einer fällt. Vom Fallen und Wieder-Aufstehen ist die Rede in dem biblischen Spruch aus dem Prediger. Genauer von gegenseitigem Aufhelfen, wenn der andere gefallen ist. Dem anderen die Hand reichen. Zur Hilfe. Zur Versöhnung. Zu einem Neuanfang. Wenn Schwierigkeiten von außen kommen, vom Beruf. Wenn Schwierigkeiten von innen auftreten. Dem anderen aufhelfen. Zusammenhalten. Nimm meine Hand ... Deswegen seid ihr heute hier und wollt euren Bund festmachen vor Gott.

Gott lächelt euch beiden zu heute. Er freut sich mit euch. Und er reicht euch die Hand. Gott sagt zu euch: „Nehmt meine Hand, und egal wie dunkel die Nacht auch sein mag, das Tageslicht wird kommen, und wir werden den Morgen gemeinsam erleben."

In eurem Trauspruch heißt es: „Einer mag überwältigt werden, aber zwei können widerstehen, und eine dreifache Schnur reißt nicht leicht entzwei.“ Erst zwei – dann drei. Gott will in eurem Bund der Dritte sein. Gott will euch beide begleiten auf eurem gemeinsamen Lebensweg. Er legt seine Hand auf eure beiden Hände, so wie ich nachher beim Trausegen symbolisch meine Hand auf eure beiden Hände lege. Gott will euch bei der Hand nehmen. Er sagt euch, dass er euch lieb hat. Er will mit euch gehen durch ein langes gemeinsames Leben. Er will euch wieder aufhelfen, wenn ihr fallt. Er will euch vergeben, wenn ihr aneinander schuldig werdet. Er will euch anstiften zur Versöhnung. Er will euch dem hellen Tag entgegenführen. Dass ihr immer wieder sagen könnt: „Nimm meine Hand, und egal wie dunkel die Nacht auch sein mag, das Tageslicht wird kommen, und wir werden den Morgen gemeinsam erleben.“

# 26. Siegel aus Wachs

*Hingabe*

**Text:** Lege mich wie ein Siegel auf dein Herz, wie ein Siegel auf deinen Arm. Denn Liebe ist stark wie der Tod und Leidenschaft, unwiderstehlich wie das Totenreich. Ihre Glut ist feurig und eine Flamme des Herrn, sodass auch viele Wasser die Liebe nicht auslöschen und Ströme sie nicht ertränken können. Wenn einer alles Gut in seinem Hause um die Liebe geben wollte, so könnte das alles nicht genügen. (Hld 8,6.7)

**Gegenstand/Geschenk:** Ein „Siegel" für das Brautpaar herzustellen ist nicht schwer: Wenn man keinen Siegellack hat, nimmt man rotes Wachs. In ein flaches rundes Plastikgefäß von etwa 8 cm Durchmesser gieße ich das flüssige Wachs und drücke dann einen vorbereiteten Stempel hinein. Der kann unterschiedlich gestaltet sein: Ein Herz bietet sich an, auch ein Kreuz, zwei Ringe oder was immer man dem Geschmack der Brautleute für angemessen hält. Mit etwas Mühe kann man auch die Namen der beiden und das Hochzeitsdatum unterbringen. Als Material für den Stempel empfehle ich einen dicken Karton, etwa die Rückseite eines Zeichenblocks. Für größere Symbole rate ich dazu, den Karton doppelt zu nehmen. Den Stempel drückt man in das Wachs, wenn es schon ein bisschen fest geworden ist. Wenn es ganz üppig sein soll, kann man auch zunächst eine relativ dünne Wachsschicht gießen, ein rotes Band drauflegen und dann die zweite Schicht gießen.

**Ansprache:**

*Liebe Michelle, lieber Jörg, liebe Gäste!*

Ihr beiden habt euch einen Trautext herausgesucht, den bisher noch niemand gewählt hat. Für mich eine willkommene Abwechslung. Ein wirklich schöner Text, in dem sehr viel steckt:

„Lege mich wie ein Siegel auf dein Herz, wie ein Siegel auf deinen Arm. Denn Liebe ist stark wie der Tod und Leidenschaft unwiderstehlich wie das Totenreich. Ihre Glut ist feurig und eine Flamme des Herrn, sodass auch viele Wasser die Liebe nicht auslöschen und Ströme sie nicht ertränken können. Wenn einer alles Gut in seinem Hause um die Liebe geben wollte, so könnte das alles nicht genügen."

„Lege mich wie ein Siegel auf dein Herz, wie ein Siegel auf deinen Arm." Mit einem Siegel versiegelt man einen Brief, wenn ihn kein anderer lesen soll. Mein Herz, mein Innerstes, das sollst nur du lesen. Ich gebe dir die Macht dazu. Ich mache mich verletzlich, denn ich weiß: Du wirst diese Macht nicht missbrauchen. Weil du mich liebst.

Ein Siegel setzt man auch unter Verträge. „Mit Brief und Siegel", das heißt: ganz offiziell. Gültig und endgültig. Genau das tut ihr, wenn ihr heiratet. Ihr besiegelt euren Bund. Erst vor dem Staat und heute vor Gott.

Das ist ein großer Schritt, auch wenn man schon sieben Jahre zusammen ist wie ihr. Es bleibt ein Wagnis, und das lehren nicht nur die vielen Beispiele um uns her, wo es eben schief geht. Ich möchte „Wagnis" sehen als etwas sehr Positives, sehr Spannendes. Abenteuer Ehe. Offen sein. Offen für das, was kommt. Offen für alle Entdeckungen, die ich beim anderen oder auch bei mir noch machen werde. Offen für manche Veränderungen, die jeder von euch mitmachen wird. Und die auch eure Beziehung mitmachen wird. Offen auch für Gott und das, was er mit euch beiden noch vorhat.

Was für mich dieses Wagnis so positiv macht und was auch euch Mut machen kann für euren gemeinsamen Weg, das ist zweierlei: die Macht der Liebe und Gott selbst. Und beide haben sehr viel miteinander zu tun.

Von der Liebe heißt es in eurem Trauspruch: „Liebe ist stark wie der Tod." Liebe ist stark. Liebe ist eine nicht zu unterschätzende Macht. Liebe und Tod – merkwürdig, sie so in einem Atemzug zu nennen. Und doch passen sie zusammen.

Zum einen: Bei beidem widerfährt uns etwas. Liebe widerfährt einem wie Geburt oder Tod. Man sucht es sich in der Regel nicht aus. Auch wenn man sich später bewusst dafür oder dagegen entscheidet. Gerade am Anfang ist die Macht der Liebe schier unwiderstehlich. Und gleichzeitig auch unbegreiflich. Warum gerade dieser Mensch und nicht ein anderer? Die Macht der Liebe ist nicht zu unterschätzen. Ich habe da ein Bild vor Augen: Eine trostlose Asphaltdecke. Und mittendrin eine kleine Pflanze. So klein sie ist – sie hat die dicke Asphaltdecke durchbrochen. Ein Bild für die Kraft des Lebens, für die Macht der Liebe.

Die Macht der Liebe ist nicht zu unterschätzen. Und das bleibt zum Glück auch später so. Auch wenn die Liebe gewissen Schwankungen unterworfen ist. Auch wenn sie sich verändert. Ja, ihr habt selbst eure Liebe beschrieben als etwas, das wie eine Pflanze wächst. Etwas, das auch aus Krisen gestärkt hervorgeht. Die Macht der Liebe ist nicht zu unterschätzen. „Liebe ist stark wie der Tod."

Liebe hat aber auch noch in anderer Hinsicht etwas mit dem Tod zu tun, mit Sterben. Bevor eine Pflanze anfängt zu leben, muss erst ein Samenkorn sterben. In Joh 12 sagt Jesus: „Wenn das Weizenkorn nicht in die Erde fällt und erstirbt, bleibt es allein; wenn es aber erstirbt, bringt es viel Frucht" (V. 24).

Liebe hat etwas zu tun mit Hingabe, mit einem Stück Selbstaufgabe. Mit einem Stück Verzicht. Verzicht darauf, mich und meine Interessen immer durchzusetzen. Ein Stück meines Eigenwillens, meiner Freiheit, meiner Möglichkeiten gebe ich auf. Allerdings tue ich das, weil ich weiß: So kann ich viel Größeres finden, Gemeinschaft, neue Möglichkeiten, ungeahntes Neues.

Liebe und Tod haben beide etwas mit Opfer zu tun, mit Hingabe. Hingabe an den andern, Hingabe für ihn. Und immer ist der Tod für den, der glaubt, zugleich Ende – und Anfang von Neuem. Der christliche Glaube redet von Wiedergeburt. Er redet von Auferstehung, neuem Leben, ewigem Leben.

In der Liebe ist es ähnlich. Da liegt im Ende, im Sterben des Eigenen ein neuer Anfang, etwas Neues und Größeres.

Von welcher Liebe habe ich gesprochen? Von eurer Liebe. Aber gleichzeitig von der Liebe Gottes zu euch. Denn auch eure Liebe ist von dieser Liebe Gottes geschenkt und getragen.

Auch Gottes Liebe widerfährt einem unverdient, unerklärbar als Geschenk. „Liebe ist stark wie der Tod." Am stärksten ist Gottes Liebe im Tod Jesu Christi. Jesus selbst ist das Weizenkorn, das in die Erde fällt und erstirbt. Da geschieht seine letzte Hingabe für uns. Sein Tod eröffnet neues Leben, Auferstehung, Gemeinschaft.

Ich wünsche euch zu eurer Hochzeit und für eure Ehe die unwiderstehliche Macht der Liebe Gottes. Damit eure Liebe stark wird und bleibt, dass sie harte Mauern durchbrechen kann. Dass sie wächst und gedeiht. Dass ihr immer reicher werdet, je mehr ihr gebt. Dass eure Liebe immer wieder Auferstehung feiern kann. Dass eure Liebe bleibt.

# 27. Umleitungsschild

*„Umleitung zum Glück"*

**Text:** Wer sein Leben findet, der wird's verlieren; und wer sein Leben verliert um meinetwillen, der wird's finden. (Mt 10,39)

**Gegenstand/Geschenk:** Die Idee mit dem Schild stammt von Klaus Berger, Professor für Neues Testament in Heidelberg. Er benutzt dieses Bild in seinem Buch „Wer war Jesus wirklich?" (Quell Verlag, Stuttgart, 1995, S. 112ff.).

Wegen eines Umleitungsschildes fragt man am besten bei der Straßenmeisterei an oder in einer kleineren Gemeinde beim Ortsbürgermeister. Für die Ansprache empfiehlt es sich, zwei Helfer zum Halten zu bestellen oder aber eine Vorrichtung zu konstruieren, die dies überflüssig macht. Vielleicht kann man das Schild auch auf den Altar stellen.

Als Geschenk macht sich ein solches Schild natürlich nicht besonders gut. Man kann aber ein kleineres Umleitungsschild basteln, vielleicht aus farbigem Foto-Karton. Oder man klebt ein Foto eines solchen Schildes auf ein großes Blatt, schreibt den Trauspruch daneben, das Datum, und die Gäste unterschreiben darauf – vielleicht mit guten Wünschen für das Paar. In einem rahmenlosen Bildhalter kann das eine schöne Erinnerung sein an diesen großen Tag.

Der genannte Bibelvers wird kaum von einem Paar gewählt werden, aber man kann mühelos so ziemlich jedes Bibelwort damit verbinden, das mit „Liebe“ oder Vergleichbarem zu tun hat. Hier war es Eph 4,32: „Seid untereinander freundlich und herzlich, und vergebt einander, wie auch Gott euch vergeben hat in Christus.“

In diesem Fall arbeitete der Bräutigam als Angestellter einer Bank, diese Bezüge können aber mühelos aus der Ansprache gestrichen werden.

**Ansprache:**

*Liebe Doris, lieber Michael, liebe Gäste!*

Solche Schilder hier lieben wir gar nicht: Umleitung. Wenn wir das schon hören! Wer weiß, über was für eine Buckelstrecke die uns wieder „umleiten“. Wer weiß, ob das auch ordentlich ausgeschildert ist. Und überhaupt: Das dauert bestimmt ewig, bis wir dann ankommen. Wenn wir uns nicht vorher noch verfranzen. Einfach ärgerlich, diese Umleitungen!

Der christliche Glaube ist genauso ärgerlich. Und das aus genau demselben Grund. Christlicher Glaube ist ein einziger Umweg: anstrengend, oft langwierig und nicht immer mit klaren Wegvorgaben. Aber auch beim Glauben gilt dasselbe wie bei einer Umleitung im Straßenverkehr: Nur auf diesem Umweg komme ich wirklich an.

„Umleitung zum Glück“, so möchte ich das nennen, was ich aus der Sicht des christlichen Glaubens hier zur Ehe zu sagen habe. „Umleitung zum Glück“, das ist das Programm, das euer Trauspruch vorgibt:

„Seid untereinander freundlich und herzlich, und vergebt einander, wie auch Gott euch vergeben hat in Christus.“

Um es auf den Punkt zu bringen, „Umleitung zum Glück“ bedeutet: Ich suche nicht mein eigenes Glück, sondern das Glück des anderen – und werde dadurch selbst am glücklichsten. Freundlichkeit, Herzlichkeit, Nachsicht und die Bereitschaft zu vergeben – das alles beschreibt genau diesen Umweg zum Glück.

Populär ist dieser Umweg nicht in unserer Gesellschaft. Populär ist der direkte Weg. Die Werbung zeigt, wo’s langgeht: „Wir machen den Weg frei“, und dieser Weg verläuft schnurgerade (der Spruch ist von eurer Bank, Michael, glaube ich). „Ich und mein Magnum“ (man beachte die Reihenfolge!), „Der neue Citroën. Das Leben ist schön", „Mein Auto, mein Haus, meine Frau, mein Boot (und: mein Anlagenberater, aber ich glaube, das ist von der Konkurrenz)". Hier ist das Glück im Kühlschrank zu finden, es liegt auf der Straße (wenn ich im richtigen Auto sitze), es ist gleichgesetzt mit Spaß, das Glück hängt offenbar in erster Linie ab von meinem Bankkonto und den Dingen, die ich mir leisten kann, Hauptsache, die andern kriegen's mit.

Das ist der direkte Weg. Ohne Umleitung. Bequem und scheinbar leicht zu gehen – nur manchmal ein bisschen teuer (aber dafür haben wir ja die Bank). Ich fürchte nur: Das Glück, das ich hier finde, ist nicht von Dauer. Als Lebensinhalt ist das alles ziemlich dürftig.

Jesus sagt: „Wer sein Leben findet, der wird's verlieren; und wer sein Leben verliert um meinetwillen, der wird's finden."

Jesus empfiehlt hier die Umleitung: Wer sich verliert, sagt er, der wird sich finden. Wer nicht das eigene Glück sucht, der wird's gerade finden. Wer sich um das eigene Leben mit seinen Bedürfnissen gar nicht weiter sorgt, der hat gute Chancen, „das Leben" zu finden. Freundlichkeit, Herzlichkeit, die Bereitschaft zu vergeben, Liebe – das alles gehört zu dieser Umleitung dazu.

Diese Umleitung ist wie gesagt nicht besonders populär. Umwege führen scheinbar in die falsche Richtung, weg vom Ziel. Umwege kosten Zeit, Kraft und Nerven. Wer so lebt, der wird von vielen zumindest belächelt. Und doch: Das Glück, das sich auf diesem Weg finden lässt, ist viel tiefer als alles andere, was wir raffen können.

Für eine Liebesbeziehung, für eine Ehe heißt das: Wenn jeder der beiden Partner nur das eigene Glück sucht, den eigenen Kick, die eigene Befriedigung, dann bleiben am Ende beide leer. Das größte Glück aber besteht darin, den anderen glücklich zu sehen, den anderen glücklich zu machen. Für euch, das habe ich in unserem Gespräch herausgehört, ist das sehr wichtig. Ihr seid da ein bisschen altmodisch, und das finde ich gut. „Glück", habt ihr gesagt, „ist schon, dass wir uns gefunden haben, dass wir jetzt zu zweit sind und nicht mehr alleine. Und dass wir uns so gut verstehen."

In der Liebe reden wir von Hingabe. Ich gebe mich dem andern ganz hin. Damit vergeude ich scheinbar mein Leben, gebe das Glück aus der Hand. Aber nur so gewinne ich es. – Umleitung zum Glück, zum Leben.

Oder nehmen wir an – das Beispiel habt ihr ja auch genannt –, ein

Partner wird schwer krank. Der andere könnte ihn ja verlassen, weil der Spaßfaktor jetzt nicht mehr stimmt. Aber er bleibt, er steht zu ihm, pflegt ihn fast bis zur Selbstaufgabe. Darin liegt ein viel tieferer Sinn, als irgendetwas Materielles einem geben kann oder das Ansehen bei anderen. Auch hier vergeudet jemand scheinbar sein Leben, gibt das Glück aus der Hand. Aber gerade so wird er's finden, sagt Jesus. – Umleitung zum Glück, zum Leben.

„Wer sein Leben findet, der wird's verlieren", sagt Jesus. „Und wer sein Leben verliert um meinetwillen, der wird's finden." Der Umweg, die Umleitung ist das Geheimnis geglückten Lebens. Es ist das Glück, das ich finde, wenn ich einen anderen glücklich mache. Dieses Glück, das ist echter, tiefer Sinn. Das macht unser Leben reich.

Das klassische Modell für diese „Umleitung zum Glück, zum Leben" ist Jesus selbst: Er tritt kurz auf und wird hingerichtet. Er könnte spielend sein Leben retten, aber er setzt es aufs Spiel – für uns. Zwei Tage später, heißt es, sehen ihn seine Jünger lebend. „Er ist auferstanden", sagen sie.

Auferstehung, das ist das exemplarische Modell für diese „Umleitung zum Glück, zum Leben". An Jesus können wir sehen, wie einer sein Leben eben nicht krampfhaft festhält, sondern sich selbst verschenkt. Jesus hat eine große Gelassenheit, wir können auch sagen: ein großes Vertrauen. Vertrauen zu seinem Vater. Das Vertrauen, dass Gottes „Umleitung" zum Leben führt. In diesem Leben – und darüber hinaus.

Auferstehung sagt: Wer sich selbst schenkt, der verliert nicht, sondern der gewinnt. Das Leben. Sich selbst. Einen tiefen Sinn. Das Glück.

So ist Gott der Umweg, der uns zu uns selbst führt. Gottes Wege sind selten einfach und gerade. Gottes Wege sind meistens Umwege. Aber das sind die Wege, die uns wirklich weiterbringen, die uns wirklich glücklich machen. Ich wünsche euch beiden, euch dreien viel Glück von dieser Sorte.

# 28. Die Geschichte vom Glück

*„G wie Gott"*

**Text:** Die Liebe ist langmütig und freundlich, die Liebe eifert nicht, die Liebe treibt nicht Mutwillen, sie bläht sich nicht auf, sie verhält sich nicht ungehörig, sie sucht nicht das Ihre, sie lässt sich nicht erbittern, sie rechnet das Böse nicht zu, sie freut sich nicht über die Ungerechtigkeit, sie freut sich aber an der Wahrheit, sie erträgt alles, sie glaubt alles, sie hofft alles, sie duldet alles. (1. Kor 13,4-7)

**Kein Gegenstand, aber eine gute Geschichte:** Die letzte Ansprache fällt völlig aus dem Rahmen: Sie ist nicht auf meinem Mist gewachsen, es gibt keinen Gegenstand, und als Geschenk bietet sich höchstens eine hübsch gedruckte Fassung der Trauansprache an. Aber die Geschichte ist so schön (und relativ universell einsetzbar), dass ich sie sozusagen zur Abrundung hier anfüge. Ich danke meinem Kollegen Helmut Siegel aus Hildesheim, dass er seine Ansprache für dieses Buch zur Verfügung gestellt hat. Sie lässt sich mit den meisten Trautexten in Verbindung bringen – und das, obwohl das Wort „Glück" streng genommen in der Bibel nicht vorkommt. Jedenfalls nicht so, wie wir es in der Regel verstehen. Die Geschichte lädt jedoch ein, neu nachzudenken darüber, was Glück eigentlich ist …

**Ansprache:**

*Liebe Sandra, lieber Dieter, liebe Gäste!*

Wenn man euch zusammen erlebt, dann hat man den Eindruck: Die beiden sind ein glückliches Paar. Die gehören zusammen, kennen sich lange, da genügt oft nur ein Blick, und sie verstehen sich.

Und so ist es ja auch: Seit jenem „verhängnisvollen" Weltspartag vor sechs Jahren seid ihr ein Paar. – „Wir gehören zusammen", habt ihr gesagt auf meine Frage, warum ihr jetzt heiraten wollt. Und das Standesamt war euch dafür zu wenig. „Die Kirche gehört auch dazu", sagt ihr und kommt heute, um Gott um seinen Segen zu bitten. – Glück und Segen.

Zu diesem Bild passt, was ihr beiden über die Liebe gesagt habt, als ich euch danach gefragt habe: „Treue" war das erste Stichwort. Dann: „Zum anderen in schlechten Zeiten stehen, auch Fehler akzeptieren, miteinander reden, Ehrlichkeit, Achtung voreinander, ab- und zugeben können, Vertrauen."

Euer Trautext redet auch von der Liebe – und zwar ganz ähnlich wie ihr. Im 1. Kor 13 lesen wir: „Die Liebe ist langmütig und freundlich, die Liebe eifert nicht, die Liebe treibt nicht Mutwillen, sie bläht sich nicht auf, sie verhält sich nicht ungehörig, sie sucht nicht das Ihre, sie lässt sich nicht erbittern, sie rechnet das Böse nicht zu, sie freut sich nicht über die Ungerechtigkeit, sie freut sich aber an der Wahrheit, sie erträgt alles, sie glaubt alles, sie hofft alles, sie duldet alles."

Glück und Segen und Liebe. Diese drei scheinen zusammenzugehören. Wie sie zusammenhängen, das möchte uns eine kleine Geschichte erläutern:

Eines Tages rief Gott das Glück zu sich und sagte: „Es gibt etwas für dich zu tun! Da sind ein Mann und eine Frau in einem kleinen Ort bei Pirmasens, die wollen glücklich sein und bleiben. – Hier, das sind Namen und Adresse!" Er reichte dem Glück einen Zettel und sagte: „Also los, beeil dich!" Das Glück nickte und machte sich auf den Weg.

„Ein leichter Auftrag", dachte es – aber dann geschah es. Vielleicht hatte es den Zettel nicht richtig festgehalten, jedenfalls: Ein kräftiger Windstoß, und weg war der Zettel mit den Namen und der Adresse.

„Was tu ich nur?“, jammerte das Glück. „Ich weiß nur noch den Ort, aber: Wie hießen bloß die Leute, denen Gott Glück schenken wollte?!“

Nachdem das Glück eine Zeit lang ratlos am Straßenrand gesessen hatte, machte es sich auf den Weg, das Paar zu suchen. „Ich glaube, ich schaffe es auch so“, dachte es, „ich habe Erfahrung und weiß schon, woran man Leute erkennt, denen Gott Glück schenken will.“

Das erste Paar, zu dem es kam, war allerdings eine Enttäuschung. Zwar wurde das Glück mit offenen Armen aufgenommen, aber dann bekam es Beklemmungen. Als da jemand anrief, ein Freund des Paares, der gerade unglücklich war und ein bisschen Trost brauchte, da sagte die Frau nur ganz kurz: „Weißt du, uns um dein Unglück zu kümmern, da ist uns jetzt nicht nach zumute, wir sind gerade soo glücklich miteinander.“ Und als sie aufgelegt hatte, nickte der Mann und sagte: „Recht so! Wir müssen gut aufpassen, dass uns niemand unser Glück wegnimmt. Jeder ist seines Glückes Schmied, nicht wahr?“ Da verabschiedete sich das Glück. „Die kann Gott nicht gemeint haben“, dachte es, „diese Egoisten! Und meinen Absender kennen die auch nicht!“

Leider erging es dem Glück beim zweiten Paar auch nicht viel besser: „Das trifft sich ja gut!“, riefen sie. „Jetzt haben wir endlich Glück!“ – Das Glück war erstaunt, denn eigentlich fehlte es den Leuten an nichts: Sie hatte eine schöne Wohnung, beide hatten Arbeit, sogar ein Kind. Als es die beiden darauf ansprach, meinte der Mann abwinkend: „Ja, ja, ganz schön ... Aber: Das ist noch längst nicht genug. Was ist schon eine Wohnung gegen ein Haus! Mit dir, da gewinnen wir im Lotto. Du wirst sehen: Endlich haben wir mal Schwein!“ – Da zog das Glück sich beleidigt zurück; nein: „Schwein“ wollte es sich nicht nennen lassen – immerhin: Es kam ja direkt von Gott!

Beim dritten Paar dachte es: „Das sind die Richtigen!“ Die beiden waren jung, verliebt und strahlten vor Glück. „Natürlich bist du hier richtig“, sagte der Mann, „Siehst du nicht, wie glücklich wir miteinander sind?!“, und er gab seiner Frau einen langen Kuss. „Mag sein“, sagte das Glück, „ein letzter Test noch: Buchstabiert mich bitte!“ Die beiden sahen das Glück verständnislos an. „Na, ja“, erklärte das Glück ein wenig ungeduldig: „Ihr wisst doch: A wie ‚Anton‘, B wie ‚Berta‘; also: Buchstabiert mich, G wie ...“

„Geld!“ sagte die Frau und dachte an die vielen schönen Kleider, die sie sich kaufen wollte. „L wie ‚Lust‘“, sagte der Mann, „denn eine Ehe ohne Sex, das ist doch nichts!“ „Ü, Ü …“, die Frau überlegte, „wie ‚überall‘, denn wenn wir viel Geld haben, dann können wir überallhin reisen, wo wir schon immer hinwollten!“ „Ja, und C wie ‚Circus‘ oder ‚Cognac‘“, sagte der Mann, „wir werden Feste feiern noch und nöcher!“ „Ja, und K wie ‚Kette‘, du weißt doch, die beim Juwelier im Schaufenster!“, sagte die Frau und sah ihren Mann an. Nur: Als sie wieder auf das Glück schauen wollte, da war es nicht mehr da. „Nein, die kennen mich nicht!“, sagte das Glück. „Wieder die Falschen!“

Ja, beim vierten Paar, da war es ähnlich wie beim dritten. Die beiden waren nicht mehr so in der ersten Verliebtheit, immerhin kannten sie sich schon sechs Jahre. Aber man merkte ihnen an: Sie waren glücklich und sagten zueinander: „Du, wir heiraten. Nun sind wir schon so lange glücklich miteinander, das hat Bestand.“ Das Glück beobachtete die beiden erst mal eine Weile. Es sah, wie sie miteinander umgingen. Es hörte ihnen zu, wie sie sich über die Hochzeit unterhielten und darüber, dass es der Pfarrer hoffentlich nicht zu langweilig oder steif machen würde. „Denn wohl fühlen will ich mich in der Kirche“, sagte die Sandra. „Bei meiner Konfirmandenprüfung habe ich gezittert, diesmal soll es lockerer zugehen.“ „Ja,“ sagte der Dieter, „wir wollen Gott ja um seinen Segen bitten.“

Das Glück dachte: „Das könnten wirklich die beiden sein, die Gott gemeint hat.“ Und es machte wieder den Buchstabier-Test. „Schwer“, sagte Sandra, „aber bei K fällt mir gleich etwas ein: ‚Kind‘ nämlich. Wir haben so viel Schönes zu zweit erlebt, da wollen wir nicht ausschließen, dass wir auch Kinder bekommen.“

„C – also da weiß ich nichts“, sagte Dieter – aber dann rief er: „‚Chance‘! Ich meine die Chance, immer wieder neu anzufangen. Dass ich mir auch mal einen Fehler leisten kann, und ich weiß: Die Sandra lässt mich nicht fallen und trägt mir nichts nach.“ – „Aber das ist bei dir doch auch so“, sagte Sandra. „Wenn ich mich mal schlecht fühle, so richtig unten bin, dann lässt du mich doch auch wieder in Ruhe zu mir selbst finden.“

„L, das ist einfach“, meinte Dieter, „L wie ‚Liebe‘. Nicht so ein Strohfeuer, sondern richtige Liebe. Die den anderen so sieht, wie er ist; auch die Fehler – aber darum nicht aufhört, den anderen zu lieben. Wo es nie langweilig ist, weil man dem anderen immer wieder so viel zu sagen hat – oder auch mit ihm zu schweigen.“

„Ja, und Ü für ‚üben'", sagte Sandra. „Denn was hilft es denn zu sagen: ‚Ich liebe dich' – und dann für den anderen nichts zu tun, ihn nie diese Liebe spüren zu lassen?!" – „Ach, Glück, das ist so schwer zu buchstabieren!", sagte Sandra zu Dieter, „weißt du, die Hauptsache ist doch, dass du mit mir glücklich bist!" – „Nein, dass du glücklich bist, das ist für mich die Hauptsache!"

Das Glück lächelte. „Es fehlt noch das G!", erinnerte es die beiden. – „Ja, das G ... vielleicht wie ‚Glaube'?" fragte Sandra, „denn du glaubst doch an mich, daran, dass ich dir treu bin, wenn ich nicht mit dir zusammen bin; und ich glaube es dir ja auch!"

„Ich weiß nicht", sagte Dieter. „Vielleicht lieber doch G wie ‚Gott', denn: Wir haben vieles geschafft und erreicht, aber dass wir glücklich sind, das hat uns Gott geschenkt. Vielleicht bin ich ja ein bisschen altmodisch, aber: Dass unser Glück auch hält, das kann uns nur Gott schenken, das liegt an seinem Segen." Er war etwas verlegen, denn über seinen Glauben, da redete er eigentlich nur selten.

Das Glück aber strahlte: „Herzlichen Glückwunsch!", sagte es aufatmend. „Hier bin ich richtig. Ihr seid die, die Gott gemeint hat. Bei euch bleibe ich!" – „Für immer?", fragten Sandra und Dieter. – „Nun", sagte das Glück, „solange ihr GLÜCK so buchstabiert wie eben, sicherlich. Vor allem G wie ‚Gott'. Ich hoffe, ihr vergesst über all eurem Glück nicht den, der es euch schenkt. Immerhin fange ich auch mit G an."

# 29. Leit-Pfosten

## *Mit den Augen leiten*

**Gegenstand/Geschenk:** Leit-Pfosten an der Straße. Die Straßenmeisterei stellt einen solchen Pfosten sicher gerne zur Verfügung, man muss also keinen ausgraben.

Als Geschenk lässt sich sicher ein Katzenauge von einem kaputten Leit-Pfosten finden; auch hierfür ist die Straßenmeisterei der richtige Ansprechpartner. Auf ein hübsches Brettchen geschraubt, daneben Namen, Datum und der zweite Teil des Trauspruchs – fertig ist eine nette Erinnerung an den großen Tag.

**Text:** Gott sagt: Ich will dich unterweisen und dir den Weg zeigen, den du gehen sollst. Ich will dich mit meinen Augen leiten. (Ps 32,8)

**zur Ansprache:** Verliebte schauen sich gerne in die Augen. Antoine de Saint Exupéry sagt dagegen über die Liebe: „Die Erfahrung lehrt uns, dass Liebe nicht darin besteht, dass man einander ansieht, sondern dass man gemeinsam in gleicher Richtung blickt." Der gemeinsame Weg liegt vor einem wie eine Landstraße an einem strahlenden Sommertag. Am wirklichen Straßenrand stehen Leit-Pfosten, sie zeigen den Weg, besonders bei schlechter Sicht und bei Dunkelheit. Gottes Wort will uns den Weg zeigen und Orientierung geben, auch in der Ehe. Wichtig ist der persönliche „Augenkontakt“ mit ihm. So wie die Katzenaugen auf dem Leit-Pfosten zurückstrahlen und uns den Weg weisen, so will Gott uns „mit seinen Augen leiten“. Er ist dabei mit uns „auf Augenhöhe“.

# 30. Abreiß-Kalender

## *Geschenkte Tage, handgemacht*

**Gegenstand/Geschenk:** Abreiß-Kalender, es muss kein frommer sein
Als Geschenk bietet sich ein schöner Abreiß-Kalender für das neue Jahr an, eventuell ein Gutschein, wenn es den fürs neue Jahr noch nicht gibt. Das Kalenderblatt des Hochzeitstags kann man auch gut rahmen, vielleicht zusammen mit einem Foto und guten Wünschen der Hochzeitsgäste.

**Text:** Dies ist der Tag, den der Herr macht; lasst uns freuen und fröhlich an ihm sein. O Herr hilf! O Herr, lass wohlgelingen! (Ps 118,24f.)

**zur Ansprache:** So ein Abreiß-Kalender sagt etwas aus über unseren Umgang mit der Zeit: abreißen und wegwerfen! Ex und hopp! Der Psalmist sagt: Jeder Tag ist wertvoll, weil er von Gott gemacht ist. Darum nutze ihn! Freu dich über das Geschenk des neuen Tages, sei fröhlich!

Das gilt besonders von diesem Tag der Hochzeit. Er ist ein großes Geschenk, weil der Partner mir von Gott geschenkt ist. Heute ist Freude und Fröhlichkeit angesagt.

Das gilt aber auch für jeden anderen Tag, der kommt; jeder Tag ist ein Geschenk Gottes. Und dieser Tag heute bestimmt die vielen Tage, die kommen. Weil zwei Menschen für den Rest ihrer Tage ihr Leben in die Hand des anderen legen. Darum bitten wir Gott um seine Hilfe, darum, dass diese Ehe gelingt. Heute und jeden Tag, der kommt.

(Nach einer Idee von Wolfgang Gerts)

# 31. Ein Fläschchen Wasser

## *Der Zauber des Schweigens*

**Gegenstand/Geschenk:** ein hübsches Fläschchen mit ganz normalem Wasser

**Text:** Sei nicht schnell mit deinem Munde, und lass dein Herz nicht eilen, etwas zu reden vor Gott; denn Gott ist im Himmel und du auf Erden; darum lass deiner Worte wenig sein. (Prd 5,1)

Oder: Ein jeder Mensch sei schnell zum Hören, langsam zum Reden, langsam zum Zorn. (Jak 1,19)

**zur Ansprache:** Zum Rabbi von Lemberg kam eine Frau: „Rabbi, bei diesem Mann bleibe ich nicht länger! Abend für Abend kommt er heim, riecht nach Wodka, schreit und schimpft. Zuletzt hat er mich sogar geschlagen!" – „Ich will sehen, ob ich dir helfen kann", sprach der Rabbi und gab ihr ein Fläschchen. „Darin ist besonderes Wasser. Jeden Abend, wenn dein Mann über die Türschwelle tritt, nimm heimlich einen großen Schluck davon. Aber hüte dich, es hinunterzuschlucken! Behalte es im Mund, nur so entfaltet es seine Wirkung!"

Drei Wochen später kam die Frau erneut: „Rabbi, so ruhig wie in den letzten Tagen war es bei uns im Haus schon lange nicht mehr! Wenn mein Mann heimkommt, brummt er ein paar garstige Worte.

Aber ich habe ja von dem Wasser genommen. So setzt er sich zu Tisch, isst, was ich ihm vorsetze, und schläft bald im Lehnstuhl ein. Bitte, gib mir mehr von diesem Zauberwasser, es ist aufgebraucht." – „Du kannst es an jedem Brunnen schöpfen", lächelte der Rabbi. „Der Zauber liegt nicht im Wasser, sondern im Schweigen, dass nicht, wenn dein Mann heimkommt, ein Wort das andere gebe."

Das Geheimnis einer guten Beziehung liegt auch darin zu wissen, wann Reden und wann Schweigen geboten ist. Vieles bliebe ungesagt, wenn sich einer klar macht, dass seine Worte auch „vor Gott" geredet sind.

(nach einer Idee von Ulrich Haag)

Anmerkung: Diese Geschichte sollte man nur erzählen, wenn man das Paar wirklich gut kennt und wenn man sicher ist, dass sie nicht als einseitige Schuldzuweisung aufgefasst wird. Dann ist sie auch gut für ein Ehe-Jubiläum geeignet.

# 32. Ein graues Haar

***Gott bleibt derselbe***

**Gegenstand/Geschenk:** ein graues Haar, vielleicht des Bräutigams
Das graue Haar kann man, auf schwarzes Tonpapier gelegt, in einen Rahmen tun, daneben mit Gold- oder Silberstift den Trauspruch notieren.

Die Ansprache eignet sich auch für ein Ehe-Jubiläum.

**Text:** Auch bis in euer Alter bin ich derselbe, und ich will euch tragen, bis ihr grau werdet. (Jes 46,3b-4)

**zur Ansprache:** An einem solchen Tag mag man nicht an graue Haare denken. Man ist jung und sieht erst einmal die Jahre, die direkt vor einem liegen. Und doch sagen viele Paare: Ich möchte mit dir alt werden. Ich will dich lieben und ehren, und das heißt auch: Ich will dich tragen und im Zweifelsfall er-tragen. Bis ans Lebensende.

Doch wer weiß, was in zwanzig oder vierzig Jahren sein wird? Was ist, wenn ich vierundsechzig bin?, fragt Paul McCartney in seinem bekannten Lied: „Wenn ich alt werde und mir die Haare ausgehen, schickst du mir dann immer noch einen Gruß zum Valentinstag oder eine Flasche Wein zum Geburtstag?“

Dieselbe Liebe, die mich dich heute über die Schwelle tragen lässt, lässt mich dich eines Tages vielleicht ins Pflegebett tragen. Das ist unser Wunsch. Doch wir wissen: Vieles kann sich ändern; wir selbst verändern uns. Wer mag für sich selbst die Hand ins Feuer legen?

Gott verändert sich nicht, bleibt „derselbe", bleibt sich selbst und uns treu, bis wir grau werden und darüber hinaus. Seine Liebe ist sein Geschenk an uns, seine Treue ist die Grundlage für unsere Treue.

(nach einer Idee von Rainer Heimburger)

## 33. Umzugskarton – *Zufrieden sein*

**Gegenstand/Geschenk:** ein Umzugskarton, wie ihn jedes Umzugsunternehmen gerne zur Verfügung stellt. Wenn tatsächlich ein Umzug bevorsteht, ist er auch ein praktisches Geschenk. Vielleicht können ihn die Hochzeitsgäste ja hübsch gestalten. Es ist aber auch möglich, ein anderes Geschenk darin zu verpacken, vielleicht eines, das mit „Freude" oder „Frieden" zu tun hat.

**Text:** Denn ihr sollt in Freuden ausziehen und im Frieden geleitet werden. (Jes 55,12a)

**zur Ansprache:** Heute ist es schon fast die Regel, dass Paare vor der Hochzeit zusammenwohnen. In gewissem Sinn sind sie dann schon miteinander verheiratet. Am Anfang steht ein Auszug – manchmal noch aus dem Elternhaus – und ein Einzug. Jetzt haben beide eine gemeinsame Adresse, etwas Neues beginnt. Umso schöner, wenn dies mit der tatsächlichen Eheschließung zusammenfällt. Gute Wünsche begleiten das Paar auf ihrem neuen Weg, der sicher auch noch mit dem einen oder anderen Umzug verbunden sein wird. Das Wort aus dem Jesajabuch ist mehr als ein frommer Wunsch: Es ist eine Zusage Gottes. Die Freude des heutigen Tages soll nicht so bald verblassen, sondern immer neu mit Leben gefüllt werden. Gottes Friede will das Paar geleiten, damit die beiden „zu-Frieden" sein können: mit dem anderen, mit sich selbst und mit Gott.

(nach einer Idee von Matthias Heine)

# 34. Brummeisen und Pfeffernüsse

## *Den anderen aus Gottes Hand nehmen*

**Gegenstand/Geschenk:** eine Maultrommel und eine Packung Pfeffernüsse

„Brummeisen" ist ein altes Wort für eine Maultrommel, eine solche kann man in jedem Musikgeschäft kaufen. Pfeffernüsse gibt es vorwiegend um die Weihnachtszeit; sie sind aber erstaunlich lange haltbar. Schön ist auch eine Ausgabe des Märchens (gibt es leider nur noch gebraucht) oder aber die Märchensammlung Volkmann-Leanders (Richard von Volkmann-Leander, Träumereien an französischen Kaminen, mit Illustrationen von Ludwig Richter, Artemis & Winkler, EUR 14,90). Der Text des Märchens ist auch im Internet zu finden unter: gutenberg.spiegel.de/volkmann /maerchen/ brummeis.html

**Text:** Nehmt einander an, wie Christus euch angenommen hat. (Röm 15,7)

**zur Ansprache:** Das Märchen „Von der Prinzessin, die keine Pfeffernüsse backen konnte, und dem König, der nicht das Brummeisen spielen konnte" hat Richard von Volkmann-Leander geschrieben. Es erzählt auf liebevolle Weise, wohin es führt, wenn man zu hohe Ansprüche an den Partner stellt und ihn nach seinem Bilde umformen möchte – aber auch davon, wie Versöhnung möglich ist und wie man lernen kann, den anderen so anzunehmen, wie er ist.

Viel braucht man dem Märchen gar nicht hinzuzufügen. Die Traufrage „Willst du deinen Mann/deine Frau aus Gottes Hand nehmen?“ zielt genau darauf: Ich nehme den anderen an, wie er ist – aus Gottes Hand. Auseinandersetzungen werden dadurch nicht überflüssig, aber am Ende muss immer wieder die Versöhnung stehen – auch mit sich selbst. Das beste Beispiel ist Jesus selbst: Er hat uns angenommen trotz unserer Unvollkommenheit und vieler Fehler. Dass Gott uns um Jesu willen annimmt, ist die Grundlage dafür, dass wir einander annehmen können.

## 35. Tageszeitung

***Das ganz normale Leben***

**Gegenstand/Geschenk:** eine Tageszeitung

Auf den ersten Blick erscheint eine Ausgabe der Tageszeitung vom Hochzeitstag als Geschenk banal. Doch nach zehn Jahren sieht das schon anders aus. Und wenn dann noch eine Anzeige des Paares (oder von Freunden oder Verwandten für das Paar) darin enthalten ist und wenn die Zeitung hübsch und dauerhaft verpackt ist, dann wird man dem Paar auf lange Sicht viel Freude damit bereiten.

**Text:** Seid eines Sinnes untereinander, trachtet nicht nach hohen Dingen, sondern haltet euch zu den geringen. Haltet euch nicht selbst für klug. Ist es möglich, so viel an euch liegt, haltet mit allen Menschen Frieden. (Röm 12,16-18)

**zur Ansprache:** Klar, auch Highlights muss es geben: das schöne Essen zu zweit beim Italiener, die Fahrt zum Musical in die Stadt mit Übernachtung im Hotel, der Urlaub an der Ostsee ... Doch wer sich von diesen „hohen Dingen" erwartet, dass sie die Ehe ausmachen und am Leben erhalten, der wird enttäuscht. Gerade die „geringen Dinge", die Kleinigkeiten des Alltags machen die Ehe lebenswert: Sie kommt vom Kino zurück, wo sie mit einer Freundin war, und findet die Küche tiptop aufgeräumt; sie kocht ihm ohne besonderen Grund sein Lieblingsessen; er wäscht die Wäsche, wenn ihr nicht gut ist ... Wenn dies aus Liebe geschieht, wird es leichter, „eines Sinnes" zu sein. Das bedeutet nicht Gleichschaltung, sondern ein ständiges Ab- und Zugeben; Streit muss nicht vermieden werden um des lieben Friedens willen, man kann vielmehr auch in Liebe streiten. Der Friede, der nach echter Versöhnung eintritt, ist viel wertvoller.

(nach einer Idee von Angelika Keller)

**Gegenstand/Geschenk:** eine Perlenkette
Falls der Bräutigam eine echte schenken möchte, darf sie echt sein. Oder aber eine Kinderkette, die dann mit dem Michelangelo-Spruch und dem Bibelvers hübsch arrangiert werden kann, auf einem Holzbrettchen etwa. Darum herum ein geschmackvoller Rahmen …

**Text:** Über alles aber zieht an die Liebe, die da ist das Band der Vollkommenheit. (Kol 3,14)

**zur Ansprache:** Michelangelo sagte über eines seiner Kunstwerke: „Die Vollkommenheit besteht in der Kleinigkeit." Diese Einsicht lässt sich auch auf das Leben übertragen: Das Leben besteht aus vielen Kleinigkeiten – und braucht doch einen Zusammenhang. So wie viele schöne Perlen durch eine Schnur zu einem wertvollen Schmuckstück verbunden werden. Dasselbe gilt auch für die Ehe: Die vielen Kleinigkeiten des Alltags wollen in Liebe und Treue getan werden – dann werden sie wertvoll. Manche Momente der Liebe sind scheinbar unscheinbar – und doch ungeheuer wertvoll, wenn man sie gemeinsam wahrnimmt und erlebt (hier lassen sich Beispiele aus dem Leben des Paars einfügen). Der rote Faden, der sich durch unser Leben zieht und dem wir alle kostbaren Momente verdanken, aber Liebe und Treue in Kleinigkeiten, ist Gott.

(nach einer Idee von Axel Kühner, in: Hoffen wir das Beste, für den 25. September)

## 37. Regiestuhl

### *Wer führt Regie in der Ehe?*

**Gegenstand/Geschenk:** ein Regiestuhl
Einen Regiestuhl bekommt man in vielen Geschenkläden oder im Internet, z.B. unter http://www.geschenke-hits.de/index.html. für rund 60 Euro. Auf die Lehne kann man das Wort „Liebe" schreiben oder auch „Jesus" (oder beides). Auf der Sitzfläche können sich die Hochzeitsgäste verewigen.

**Text:** Die Liebe ist langmütig und freundlich, die Liebe eifert nicht, die Liebe treibt nicht Mutwillen, sie bläht sich nicht auf, sie verhält sich nicht ungehörig, sie sucht nicht das Ihre, sie lässt sich nicht erbittern, sie rechnet das Böse nicht zu, sie freut sich nicht über die Ungerechtigkeit, sie freut sich aber an der Wahrheit, sie erträgt alles, sie glaubt alles, sie hofft alles, sie duldet alles. (1. Kor 13,4-7)

**zur Ansprache:** (Einen Regisseur oder eine Regisseurin wird man bei der Trauung selten vor sich haben. Vielleicht gehen aber beide gern ins Kino. Oder schauen zu Hause Filme im Fernsehen.)

Unterhalten sich zwei Männer in der Kneipe. Sagt der eine: „In unserer Ehe habe ich immer noch das letzte Wort. Es heißt: ‚Ja, Liebling'." – Wer hat das Sagen in der Ehe? Wer führt Regie? – Viele Männer denken: Ich. Viele Frauen wissen: Ich; lass ihn nur denken ...

„Liebe" heißt das Zauberwort, Liebe, wie Paulus sie hier beschreibt: geduldig, besonnen, nicht selbstbezogen, bereit zu verzeihen ... Jesus war so. Sein Name müsste eigentlich auf der Lehne des Regiestuhls stehen, wo sonst „Steven Spielberg" zu lesen ist. Nicht der Name des Bräutigams und nicht der der Braut, sondern der Name „Jesus". Wo er Regie mit seiner Liebe führt in unserem Leben, in unserer Ehe, da kann das Zusammenleben gelingen.

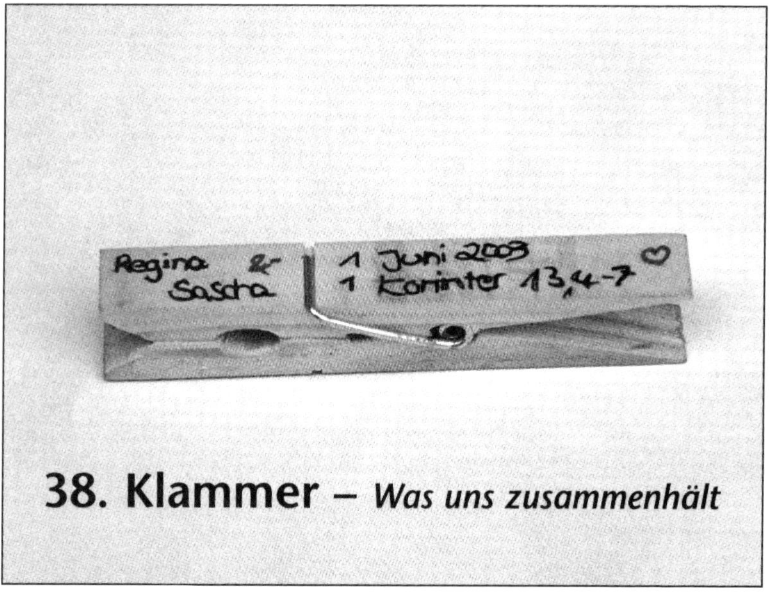


## 38. Klammer – *Was uns zusammenhält*

**Gegenstand:** eine Klammer, mit der man Briefe auf dem Schreibtisch zusammenhält, ca. 15 cm groß und meist aus Kunststoff

In einem Geschenkladen oder vielleicht auch im Schreibwarengeschäft bekommt man für wenig Geld eine solche überdimensionale

Klammer. Ist sie aus Holz, lassen sich leicht die Namen der Brautleute, das Datum und der Trauspruch eintragen. Mit einem ganz feinen Stift funktioniert das aber auch bei einer gewöhnlichen Wäscheklammer. Die kann man dem Bräutigam ans Revers stecken mit der Auflage, sie den ganzen Tag zu tragen.

**Text:** Alle eure Dinge lasst in der Liebe geschehen. (1. Kor 16,14) Oder ein anderer Text, in dem das Stichwort „Liebe" vorkommt, etwa 1. Kor 13,4-7, was sich auch gut als Lesung eignet.

**zur Ansprache:** Die beiden Hälften dieser Klammer passen gut zusammen – so auch ihr (ausführen). Doch das alleine reicht nicht. Was hält euch zusammen, nicht nur heute, sondern auch noch in zehn oder zwanzig Jahren? Die Liebe. (Hier ist es schön, wenn man Antworten des Paares nennen kann auf die Frage: Was ist für euch Liebe?)

Paulus nennt (13,4-7) ein paar Eigenschaften dieser Liebe, die von Gott kommt. Alle Dinge in dieser Liebe geschehen lassen, ohne irgendeinen Bereich auszuklammern – das entspricht der Federkraft dieser kleinen Metallfeder, die beide Hälften der Klammer zusammenhält. Gott selbst und seine Liebe ist letztendlich diese Klammer.

## 39. Backstein – *Die Ehe auf Fels gebaut*

**Gegenstand/Geschenk:** ein Backstein vom Bau (ein Klinker macht sich besser als ein Ytong-Stein)

Mit Goldstift auf den Klinker die Namen der beiden, dazu den Trauspruch schreiben, eventuell auf die Seiten ringsum die Unterschriften der Hochzeitsgäste sammeln, das Ganze mit Klarlack überpinseln oder -sprayen – fertig ist der Briefbeschwerer oder der Erinnerungsstein für die Vitrine im Wohnzimmer!

**Text:** Darum, wer diese meine Rede hört und sie tut, der gleicht einem klugen Mann, der sein Haus auf Fels baute. (Mt 7,24 oder auch -27)

**zur Ansprache:** Nichts gegen eine schicke Fassade – doch wenn das Haus stabil sein soll, ist das Fundament ausschlaggebend. Nichts gegen das angenehme Äußere eines Menschen – doch was zählt für das Lebenshaus, ist das richtige Fundament. Das gilt auch für das gemeinsame Lebenshaus, das die beiden nun zu bauen begonnen haben. Die Attraktivität des Partners lässt das Herz höher schlagen, doch was ist, wenn die Attraktivität nachlässt? Wirtschaftliche Absicherung ist nicht verkehrt, gerade wenn das Lebenshaus noch weitere Zimmer bekommen soll, aber tragfähig ist das alles nicht. Wer darauf baut, ist nicht klug, sagt Jesus.

Jesus bietet in dem Gleichnis sich selbst an als tragfähiges Fundament – auch für eine Ehe. Seine guten Worte von Liebe und gegenseitiger Achtung, von Vergebung und Annahme (mögliche Lesung: 1. Kor 13,4-7 oder Mt 5,43-48) sind eine vorzügliche Grundlage für das Zusammenleben – wenn es nicht beim Hören dieser Worte bleibt. Darauf lässt sich Stein für Stein das gemeinsame Lebenshaus bauen. Auch gerne mit einer schicken Fassade.

# 40. Wetterhäuschen

## *Gute Zeiten, schlechte Zeiten*

**Gegenstand/Geschenk:** Ein Wetterhäuschen (man benutzt es als Barometer, doch es handelt sich um ein Hygrometer und misst die Luftfeuchtigkeit)

Ein Wetterhäuschen kann man für teures Geld kaufen oder aber bei Ebay (www.ebay.de) für ein paar Euro ersteigern. Mit Goldstift etwa wird daraus ein persönliches Hochzeitsgeschenk.

**Text:** Seid fröhlich in Hoffnung, geduldig in Trübsal, beharrlich im Gebet. (Röm 12,12)

**zur Ansprache:** Dass mit der Heirat nicht nur sonnige Zeiten anbrechen, ist wohl jedem klar. Wo alte Filme oft enden, geht das wirkliche Leben erst richtig los. Das Wetterhäuschen symbolisiert: Gute Zeiten und schlechte Zeiten (oder wie es in der Traufrage manchmal heißt: gute und böse Tage) wechseln sich ab, häufig ist das Ehe-Wetter durchwachsen. Nach einem ordentlichen Gewitter ist die Luft oft am reinsten – Streit ist nicht zu vermeiden, doch wo Vergebung folgt, gewinnt das Klima in der Ehe. Überhaupt macht man häufig die Erfahrung: Nicht die sonnigen Tage, sondern die schweren Zeiten sind es, die Gewinn bringen. Gemeinsam durchgestandene Krisen, gemeinsam Erkämpftes und Durchkämpftes lässt uns zusammenwachsen und bringt uns weiter.

Das Bibelwort ermutigt uns, die „guten Zeiten" dankbar und fröhlich zu genießen, in Schwierigkeiten das Vertrauen in den andern und auf Gott nicht zu schnell wegzuwerfen, zu allen Zeiten am Gebet festzuhalten. Und das heißt: darauf vertrauen, dass Gott uns bei jedem Ehe-Wetter treu begleiten will.

# Abkürzung der Bibelstellen

| | |
|---|---|
| Ps | Psalm |
| Prd | Prediger Salomos |
| Hld | Hohelied Salomos |
| Jes | Jesaja |
| Mt | Matthäus |
| Röm | Der Brief des Paulus an die Römer |
| 1. Kor | Der erste Brief des Paulus an die Korinther |
| Gal | Der Brief des Paulus an die Galater |
| Eph | Der Brief des Paulus an die Epheser |
| Phil | Der Brief des Paulus an die Philipper |
| Kol | Der Brief des Paulus an die Kolosser |
| 2. Tim 1,7 | Der zweite Brief des Paulus an Timotheus |
| 1. Joh 4,7f. | Der erste Brief des Johannes |
| Jak 1,19 | Der Brief des Jakobus |

# Bibelstellen-Verzeichnis

(Die Zahlen beziehen sich jeweils auf die Nummer der Ansprache)



* alternativer Text

# Verzeichnis der Berufe, Hobbys, Besonderheiten ...

(Die Zahlen beziehen sich jeweils auf die Nummer der Ansprache)

# Verzeichnis der Gegenstände

(Die Zahlen beziehen sich jeweils auf die Nummer der Ansprache)